Schäfer / Thompson (Hrsg.)

AUTORITÄT

Pädagogik – Perspektiven

Ferdinand Schöningh
Paderborn · München · Wien · Zürich

Alfred Schäfer / Christiane Thompson
(Hrsg.)

AUTORITÄT

Ferdinand Schöningh
Paderborn · München · Wien · Zürich

Umschlagabbildung:
© tao-te-king

Bibliografische Information der Deutschen Nationalbibliothek

Die Deutsche Nationalbibliothek verzeichnet diese Publikation in der Deutschen Nationalbibliografie; detaillierte bibliografische Daten sind im Internet über http://dnb.d-nb.de abrufbar.

Umschlaggestaltung: Anna Braungart, Tübingen

Gedruckt auf umweltfreundlichem, chlorfrei gebleichtem
und alterungsbeständigem Papier ⊗ ISO 9706

© 2009 Ferdinand Schöningh, Paderborn
(Verlag Ferdinand Schöningh GmbH & Co. KG, Jühenplatz 1, D-33098 Paderborn)

Internet: www.schoeningh.de

Alle Rechte vorbehalten. Dieses Werk sowie einzelne Teile desselben sind urheberrechtlich geschützt. Jede Verwertung in anderen als den gesetzlich zugelassenen Fällen ist ohne vorherige schriftliche Zustimmung des Verlages nicht zulässig.

Printed in Germany. Herstellung: Ferdinand Schöningh, Paderborn

ISBN 978-3-506-76724-0

Inhaltsverzeichnis

Autorität – eine Einführung 7
Alfred Schäfer, Christiane Thompson

    I. Pädagogische Autorität im Zeichen der „Vernunft". 10
    II. Autorität und Macht 16
    III. Der Grund der Autorität.......................... 22
    IV. Autorität als Fiktion?............................ 29
    V. Zu den Beiträgen des Bandes...................... 33

Die Autoritätsbalance des Lehrers....................... 37
Rainer Paris

    I. Elemente und Typen der Autorität.................. 38
    II. Das Machtfeld des Lehrers........................ 44
    III. Limitierungen und Korrosionen 49
    IV. Unterrichten zwischen Herrschen und Führen 57

Autorität und Schule – zur Ambivalenz der Lehrerautorität. . . 65
Werner Helsper

    I. Die Schule als Autoritätsverhältnis und die These des
        Autoritätsverlustes................................ 65
    II. Die Lehrerautorität – fragil und besonders störanfällig. . 69
    III. Entgrenzte Lehrerautorität und ihre Ambivalenzen –
        Beispiele und Einblicke........................... 75

**Zwischen Zwang und Freiheit: Der leere Platz
der Autorität** 85
Michael Wimmer

    I. Grundlosigkeit................................... 85
    II. Unvermeidbarkeit................................ 94
    III. GewaltFreiheit................................... 104
    IV. Dekonstruierbarkeit 113

Des Kaisers alte Kleider. Zur Ambivalenz von Autorität in der Moderne 121
Susanne Lüdemann

Autorinnen und Autoren des Bandes 143

Autorität – eine Einführung

ALFRED SCHÄFER | CHRISTIANE THOMPSON

„Guten Tag, ich weiß nicht weiter" – so beginnt der Eintrag einer Mutter in einem der unzähligen Internetforen, in die Ratsuchende tagtäglich ihre Anfragen einstellen. In ihrem Beitrag beschreibt die Mutter, wie ihr Sohn das erste mal einen Krampfanfall erlitten hatte und in der Kinderklinik untersucht worden war, ohne dass ein Befund ermittelt werden konnte. Nach einem weiteren Anfall hatte ein anderer Arzt die vorherigen Untersuchungsergebnisse angezweifelt und dem Kind antiepileptische Medikamente verschrieben. Sein Hinweis auf Anomalien in der Messung der Gehirnströme des Kindes vermochte die Mutter jedoch nicht von der Notwendigkeit der medikamentösen Behandlung zu überzeugen. Hin und her gerissen zwischen den verschiedenen Untersuchungsverläufen und unsicher darüber, was nun zu tun sei, wendet sich die Mutter in der Hoffnung auf Rat und Hilfe an die anonyme Öffentlichkeit des Internets.

Auf den ersten Blick ist es verwunderlich, dass die Mutter auf den Rat von Unbekannten Wert legt und, indem sie nicht unmittelbar mit der empfohlenen Behandlung beginnt, die Ratschläge aus dem Internet sogar potentiell höher einschätzt als die ärztlichen Anweisungen des Neurologen. Wie ist es zu verstehen, dass angesichts der Notwendigkeit einer Behandlung des Kindes die fachliche Autorität eines Arztes derart in Zweifel gezogen wird?

Diese Frage weist darauf hin, dass „Autorität" nichts ist, was einer Person einfach als Eigenschaft zukommt: Das Beispiel macht vielmehr offensichtlich, dass das Wissen, wie eine Messung von Gehirnströmen zu interpretieren ist, nicht automatisch den Patienten (oder dessen Mutter) von der daraus resultierenden Diagnose überzeugt. Autorität als soziales Über- und Unterordnungsverhältnis zwischen Personen oder Gruppen beruht hingegen darauf, dass die eine Seite einen Führungsanspruch anmelden kann, der von der anderen Seite als ein solcher *akzeptiert* wird. Autorität lässt sich demnach als ein *anerkanntes Führungsverhältnis* begreifen.

Die Akzeptanz von Autorität kann sehr unterschiedliche Hintergründe haben. Im Falle des Arztes beruht sie auf der Anerkennung einer sachbezogenen Überlegenheit: auf einer fachlichen Ausbildung und auf eigenen praktischen Erfahrungen hinsichtlich der Diagnose und Behandlung von Krankheiten. Neben einer solchen „Sachautorität" haben Soziologen weitere Typen der Autorität unterschieden (vgl. Sofsky/ Paris 1994). Zu nennen sind hier insbesondere die Autorität, die mit der Ausübung eines Amtes verknüpft und also institutionell gebunden ist („Amtsautorität"), und die Autorität, die auf persönlicher Überzeugungskraft gründet („Charisma").

Für alle diese Typen der Autorität kann festgehalten werden, dass sie auf die *Zuschreibung* einer Überlegenheit zurückgehen. Wer im Internet-Forum danach fragt, ob die zweite ärztliche Diagnose zu schnell erfolgt sein könnte, weil doch die Ärzte in der Klinik zuvor zu keinem Befund gekommen sind, hat dem Arzt bereits die Macht abgesprochen, den Gesundheitszustand des Kindes und das nun notwendige Verhalten zu bestimmen. In gleicher Weise könnte durch Demonstranten die Autorität der Polizei (als Repräsentanten der staatlichen Ordnung) in Frage gestellt werden oder ein redegewandter Politiker einen fatalen Imageverlust erleiden, weil er das falsche Wort zur falschen Zeit gesagt hat.

Dass Autorität von einer Überlegenheitszuschreibung abhängt, wirft viele Fragen auf. Von welchen Bedingungen hängt es ab, dass eine Autoritätsperson ihren Führungsanspruch anmelden bzw. erhalten kann? Wie z.B. hätte der Neurologe im genannten Fall seine Autorität gegenüber den Zweifeln der Mutter behaupten können? Eine weitere Frage, die sich stellt, ist die nach der Möglichkeit der Geführten, den Führungsanspruch der anderen Seite als legitim zu erkennen bzw. anzuerkennen. Im Allgemeinen besteht der Autoritätsanspruch eines Arztes ja gerade darin, dass er ein Wissen besitzt, das dem Patienten *nicht* zur Verfügung steht. Worauf aber gründet sich dann *seine* Überlegenheitszuschreibung? – Die Gründe für die Anerkennung einer Autorität scheinen nicht einfach schon mit einem Wissensvorsprung, einer sozial höheren Position etc. gegeben zu sein. Wenn das aber so ist, ergibt sich die Frage, ob die Autorität letztlich gar keinen Grund in sich selbst hat.

In diesem Zusammenhang lässt sich schließlich auch fragen, wie sich Autorität überhaupt legitimieren lässt. Wenn sie über die Gründe für ihre Akzeptanz letztlich nicht verfügen kann, kann sie dann wenigstens aus sich selbst heraus eine Verbindlichkeit fordern? An dem Ausspruch „Zwei Ärzte, zwei Meinungen", der auch das vorliegende Beispiel trifft, kann das Problem verdeutlicht werden: Zwischen dem verfügbaren medizinischen Wissen und der Diagnose klafft eine Lücke, die nur schwer zu schließen ist. Das hat nicht nur damit zu tun, dass jede ärztliche Untersuchung unter begrenzten Bedingungen stattfindet (z.b. organisatorischen und zeitlichen Limitierungen). Auch die Einschätzung, welche körperliche Erscheinung noch als „normal" gelten kann, ist oft nicht leicht vorzunehmen. So fragt die Mutter in ihrem Forumsbeitrag, ob der Arzt mit seinem Behandlungsvorschlag „mit Kanonen auf Spatzen schießt". Ausgehend davon, dass die Legitimität der Autorität eine problematische Seite hat, kann man fragen, wie es überhaupt zur Ausbildung von Autoritätsverhältnissen kommen kann.

Die hier aufgeworfenen Fragen verschärfen sich noch einmal, wenn man auf pädagogische Verhältnisse blickt; denn während im Bereich der Medizin noch vermutet werden kann, dass die Bezüge, auf die sich die Autorität stützt, in ihrer Bedeutung und in ihren Konsequenzen zumeist unmissverständlich sind (z.B. eine Blinddarmentzündung), ist die pädagogische Autorität auf etwas gerichtet, das nicht gegenwärtig ist: die *Zukunft* des pädagogischen Adressaten. Es mag zwar viele Beispiele geben, in denen der pädagogische Führungsanspruch unproblematisch erscheint, weil z.B. ein unmittelbarer Nutzen einsichtig ist. Das ändert jedoch nichts daran, dass im pädagogischen Handeln eine Autorität für einen ungewissen individuellen Werdegang beansprucht werden muss. Es ist daher nicht verwunderlich, dass die Frage nach der Legitimation oder Berechtigung der Erziehung bzw. pädagogischen Autorität die moderne Pädagogik immer umgetrieben hat.

Aber auch die anderen oben genannten Fragen verschärfen sich im Rahmen pädagogischer Autoritätsbeziehungen: Die Bedingungen, unter denen ein Autoritätsverlust droht, scheinen im pädagogischen Kontext kaum kontrollierbar zu sein. Dies hat nicht zuletzt damit zu tun, dass in der modernen Pädagogik immer wieder auf die Eigenständigkeit und Selbsttätigkeit des Adressaten hingewiesen worden ist und das pädagogische Verhältnis daher nicht als ein einseitig gerichtetes Führungsverhältnis erscheinen kann bzw. darf. Was aber eignet sich dann als Grund für eine pädagogisch bedeutsame Überlegenheitszuschreibung?

Diese und andere sind die Fragen der Autoren dieses Bandes. Sie richten ihre Aufmerksamkeit auf die Konsequenzen, die daraus resultieren, dass Autorität ein *Anerkennungsverhältnis* darstellt, welches fragil und problematisch ist. Dabei sind insbesondere jene soziologischen, pädagogischen, philosophischen und politischen Diskurse bedeutsam, welche die Konstitution und Aufrechterhaltung von Autorität unter (spät-)modernen Bedingungen diskutieren. In dieser Einführung sollen zum einen ausgewählte Gesichtspunkte dieser Diskurse in den Blick genommen werden. Zum anderen soll das Verhältnis von Autorität und Moderne (welches das verbindende Glied zwischen den Beiträgen darstellt) diskutiert werden.

Der erste Teil dieser Einführung diskutiert das Verhältnis von Rationalität und Autorität, das Bezug nehmend auf die pädagogischen Klassiker John Locke und Jean-Jacques Rousseau entwickelt wird. Unter Rückbezug auf soziologische und sozialtheoretische Herangehensweisen wird im zweiten Abschnitt das Verhältnis von Autorität und Macht näher beleuchtet. Den herrschaftssoziologischen Überlegungen Max Webers wird hier ein machttheoretischer Fokus gegenübergestellt, in dem das Ineinandergreifen komplexer Machtfigurationen sowie die Berücksichtigung situativer Dynamiken in der Konstitution, Aufrechterhaltung und Erosion von Autoritätsbeziehungen eine größere Rolle spielt. Im zweiten Abschnitt wird zudem kurz die „Krise der Autorität" in der Moderne aufgenommen, welche mit der Pluralisierung von Lebensformen und der Egalisierung vormals hierarchischer Beziehungen im Zusammenhang steht. Der dritte Teil der Einführung nimmt eine sozial- bzw. rechtsphilosophische Perspektive auf Autorität ein. Hier wird erstens mit dem französischen Soziologen Pierre Bourdieu die Funktionsweise sozialer Praktiken aufgedeckt, durch die jemand zu einer Autorität *wird*. Zweitens wird auf das ethisch-politische Denken des Philosophen Jacques Derridas eingegangen, von dem aus entwickelt werden kann, wie erst mit der Setzung eines Gesetzes der Grund seiner Autorität sprachlich hervorgebracht wird. Überlegungen zur „Fiktion der Autorität" werden unter Rekurs auf die politische Theorie der Neuzeit im vierten Teil angestellt. Die Einführung schließt mit einer kurzen Übersicht über die Beiträge des Bandes.

I. Pädagogische Autorität im Zeichen der „Vernunft"

Kennzeichnend für die Moderne ist die Vorstellung eines rationalen und selbstverantwortlichen Subjekts, wie Immanuel Kant dies beispielhaft in seinem Beitrag „Was ist Aufklärung?" aus dem Jahr 1778 beschrieben und gefordert hat: „Aufklärung ist der Ausgang des Menschen aus seiner selbst verschuldeten Unmündigkeit. Unmündigkeit ist das Unvermögen, sich seines Verstandes ohne Leitung eines anderen zu bedienen. [...] Sapere aude! Habe Mut dich deines eigenen Verstandes zu bedienen! ist also der Wahlspruch der Aufklärung" (Kant 1994: 55). Kant fordert, dass Menschen sich in ihrer Lebensführung nicht auf das Althergebrachte oder auf andere Vorbilder verlassen, sondern dass sie Denk- und Handlungsweisen (die ihnen oft als selbstverständlich erscheinen) daraufhin überprüfen, ob diese vernünftig und einsichtig sind. Die Hoffnung der Aufklärer bestand darin, dass der einzelne die Ziele und Zwecke seines Handelns an der Vernunft orientiert und dass dadurch auch das gemeinsame Leben verbessert werden kann.

Die aufklärerische Forderung nach Vernunft und Rationalität hatte Konsequenzen für die soziale und pädagogische Bedeutung von Autorität. Entwertet wurden Autoritäten, die sich zur Stützung ihres Anspruchs auf Überlieferung und Tradition bezogen. Autorität sollte nicht durch das *Bestehen* sozialer Verhältnisse und Handlungsweisen gestiftet werden, sondern daran gebunden werden, dass es möglich ist, mit *Gründen* für sie einzutreten. Aus pädagogischer Sicht ist die Schrift „Einige Gedanken über Erziehung" von John Locke aus dem Jahr 1693 beispielhaft, um das Verhältnis von Rationalität und Autorität in der modernen Pädagogik zu erläutern.

Locke hat seine Schrift als Erziehungsratgeber verfasst, eine dazumal nicht unübliche Form, da man durch sie viele Leute zu erreichen vermochte und sich durch die Form des Ratgebers unmittelbar Folgen für das Handeln ergeben konnten. In seiner Schrift formuliert Locke dann auch, das Ziel des Buches sei, „sittliche Persönlichkeiten und tüchtige und befähigte Männer für die verschiedensten Berufe hervorzubringen; wobei die Hauptsorge allerdings dem Stande des gentleman gelten sollte. Denn wenn dieser Stand erst einmal durch Erziehung in Ordnung gebracht worden ist, wird er auch alle übrigen sehr schnell in Ordnung bringen" (Locke 1980: 5). Das Zitat macht deutlich, dass die Aufgabe der Moderne, eine sittlich orientierte und vernünftige Urteilskraft im Einzelnen auszubilden und damit auch eine Verbesserung der Gesellschaft (ausgehend von der Gruppe der „gentlemen") zu erreichen, als ein pädagogisches Projekt begriffen wurde.

Um diese Erziehungsaufgabe zu bewältigen, ging es nach Locke vornehmlich darum, eine Haltung zu entwickeln, durch welche die menschlichen Triebe und Begierden kontrollierbar werden. Es sind nämlich – so die Auffassung Lockes – gerade diese Regungen, die den Menschen zu unüberlegten Verhaltensweisen führen und damit seine Bindung an die Vernunft stören. Ganz ähnlich hat Immanuel Kant festgehalten, dass es darum gehe, die wilde Natur des Menschen zu zügeln, um die Vernunft für die Bestimmung von Denken und Handeln maßgeblich werden lassen zu können (Kant 1963).

Sowohl für Lockes als auch für Kants Erziehungsverständnis ist es daher unabdingbar, dass Kinder lernen, ihre Gefühle und Neigungen zu kontrollieren. Genau dafür sind sie aber auf ihre Eltern angewiesen, die diese Kontrolle durch ihre Autorität ermöglichen: „[L]ege den Grund der väterlichen Autorität, sobald er [der Sohn, A.S./C.T.] fähig ist, sich zu unterwerfen und zu verstehen, in wessen Gewalt er sich befindet". „Wenn man [...] von Anfang an eine strenge Hand über den Kindern hält, werden sie in diesem Alter lenksam sein und sich ihr ruhig fügen, da sie eine andere nie kennengelernt haben" und wird später „die Strenge der Führung, wie es ihnen zukommt, unmerklich gelockert, [...], dann wird die frühe Strenge die Liebe nur vergrößern, da die Kinder einsehen, daß [...] nur Güte gegen sie war und Fürsorge, sie möchten fähig werden, die Gunst ihrer Eltern und die Achtung aller anderen Menschen zu verdienen" (Locke 1980: 42ff.). Aus diesem Textausschnitt geht unmittelbar die Bedeutung der Autorität für das Erziehungsgeschehen, wie Locke es sich vorstellt, hervor: Solange die Kinder nicht in der Lage sind, ihre Begierden zu kontrollieren und sich der Vernunft zu unterwerfen, steht die pädagogische Autorität dafür ein, dass die Eltern die vernünftige Führung ihrer Kinder übernehmen. Mit zunehmendem Alter der Kinder, dann, wenn sie sich ihrer Verstandeskräfte bedienen können, soll sich das hierarchische Verhältnis auflösen und einer Beziehung des Respekts und der Liebe unter Gleichen Platz machen. Der mit der Autorität verbundene Führungsanspruch soll also mit dem Erwachsensein der Kinder aufhören.

Die elterliche Strenge, die Locke gegenüber den Kindern anmahnt, birgt jedoch auch eine große Gefahr. Zwar ist die Autorität gegenüber den Kindern notwendig, damit diese ein positives Verhältnis zu ihren Verstandeskräften aufbauen können. Die Unnachgiebigkeit und Strenge der elterlichen Autorität könnte aber auch dazu führen, dass die Kinder hinsichtlich ihres Vernunftgebrauchs nicht selbständiger werden, sondern abhängig. Wo durch Autorität und Führung beständig der Rahmen des Denkens und Handelns vorgegeben wird, ist kaum denkbar, dass Kinder lernen, Situationen und Handlungsanlässe selbst vernünftig einzuschätzen. Und noch schlimmer wäre es, wenn die elterliche Autorität aus dem Blick verlöre, dass sie die vernünftige Selbstbestimmung der Kinder vertritt. Eltern können nicht tun, was sie wollen – ein absoluter Machtanspruch kommt ihnen aus der Sicht der modernen Pädagogik nicht zu; denn in diesem Fall würden die Erziehungsziele der Sittlichkeit und Vernünftigkeit aus dem Blick geraten und die Erziehung „willkürlich" werden.

Für Locke folgt aus diesem Sachverhalt, dass die pädagogische Autorität in doppelter Hinsicht der Vernunft unterstellt werden muss. Damit ist erstens gemeint, dass Eltern die Vernünftigkeit zum offensiven Maß in der Erziehung machen. Locke rät den Eltern beispielsweise, in der Erziehung die vernünftige Auseinandersetzung mit dem Kind zu suchen, sobald sein Entwicklungsstand dies zulässt. Allgemein fordert Locke die Eltern dazu auf, Kinder als vernunftbegabte Wesen zu sehen und zu respektieren. Bestrafungen erscheinen aus dieser Perspektive nur dann als legitimierbar, wenn sie der allgemeinen Orientierung, die Kinder zur Vernunft zu erziehen, nicht widersprechen.

Über das Verhältnis von Erziehenden und Kindern hinaus muss sich – zweitens – die pädagogische Autorität selbst vor dem Richterstuhl der Vernunft behaupten. Lockes Ratgeber ist selbst ein Beispiel hierfür. Es genügt nicht, Interpretationsangebote, Ratschläge oder Hinweise zu geben: Die Pädagogik soll sich als eine Wissenschaft gründen, die sich auf die Erfahrung beruft.[1] In diesem Zusammenhang zieht Locke Fallbeispiele heran, aus denen er allgemeine Folgerungen zu ziehen versucht. Des Weiteren wird ein Begründungsrahmen entworfen, durch den die vorgeschlagenen erzieherischen Maßnahmen ihren Sinn und ihre Rechtfertigung erhalten sollen. Die Vorstellung beispielsweise, dass die Erziehung einen gesunden Geist in einem gesunden Körper befördern soll, dient Locke dazu, Praktiken, wie z.B. die körperliche Abhärtung gegen Kälte zu legitimieren und andere, wie z.B. „Verzärtelungen", zu kritisieren. Die diskursiv-argumentative Struktur des Ratgebers lässt die moderne Ausrichtung der Pädagogik hin auf ein systematisches Wissen erahnen.

Der zweite Gesichtspunkt unterstreicht außerdem, dass die pädagogische Führung selbst den Bedingungen unterstellt ist, die sie vertritt. An einer Stelle in seiner Schrift weist Locke darauf hin, dass sich die Erziehungsziele leichter realisieren lassen, wenn den Kindern gute Vorbilder zur Verfügung stehen. Der Erzieher kann kaum davon ausgehen, dass die Kinder ihre Begierden zügeln, wenn dieser selbst seinen Lüsten frönt. Pädagogisch zu führen bedeutet demnach auch, selbst der Führung zu unterliegen. Mit anderen Worten: Autorität stellt *alle* Teilnehmer des Autoritätsverhältnisses unter die Forderung, *sich* selbst im Sinne dieses Verhältnisses *zu führen*. Die führende Seite sieht sich gleichermaßen an den mit der Autorität

---

[1] Damit ist auf eine wichtige Selbstverständigung in der neuzeitlichen Wissenschaft hingewiesen, die rationalistischen Vorstellungen einerseits und traditionellen Denkweisen andererseits ein systematisch-experimentelles Vorgehen entgegenstellt.

verknüpften Maßstab der Vernünftigkeit gebunden, die sie als Person vertritt: Ohne eine unbeirrte Überzeugtheit wird es schwierig sein, andere zu überzeugen (vgl. Sofsky/ Paris 1994: 35).

Die pädagogische Autorität ist nun unter anderem mit zwei Schwierigkeiten konfrontiert. Die erste besteht darin zu sehen, in welcher Weise die Vernünftigkeit als Referenzmaßstab eingesetzt werden kann. Die zweite hat damit zu tun, ob sich damit überhaupt – im Sinne der Aufklärung – soziale Abhängigkeitsverhältnisse einklammern lassen. Ein *allgemeiner* Verweis auf Einsicht und Vernünftigkeit scheint nicht hinreichend, um die Legitimität des erzieherischen Handelns aufzuweisen. Um z.B. das Computerspielverbot am Abend vor einer Klassenarbeit zu begründen, muss ein Netz von Begründungen gewebt werden, bei dem Argumente gebildet, ausgewählt und gewichtet werden. Was sich in einem solchen Zusammenhang als vernünftig darstellt, lässt sich kaum als unabhängig von sozialen Regeln und kulturellen Selbstverständlichkeiten begreifen. In ihr ist beispielsweise eine gewisse Vorstellung von „Schule" impliziert, die sich trotz rationaler Haltung nicht vollständig distanzieren und im Sinne einer Normalvorstellung nur schwer hinterfragen lässt. Locke erkennt darin eine Steigerung seines Anspruchs, da nach seiner Ansicht über die rationale Auseinandersetzung in der Erziehung die Strittigkeit von Sachverhalten (z.B. „Schule") deutlich werden kann. Von hier aus wird ja erst die Hoffnung Lockes verständlich, über die Erziehung eine Verbesserung der gesellschaftlichen Verhältnisse zu erzielen.

Dennoch lässt sich fragen, inwiefern Locke auf diesem Wege das Ziel erreichen kann, pädagogisch eine vernünftige Subjektivität hervorzubringen. Einer seiner größten Gegner und Kritiker in diesem Zusammenhang war Jean-Jacques Rousseau, der in seinem fiktiven Erziehungsroman „Emile" die Schwierigkeit und Zirkularität rationalen Argumentierens in der Erziehung beispielhaft vorgeführt hat:
„*Lehrer.* Das darf man nicht.
Kind. Und warum darf man das nicht?
Lehrer. Weil das nicht recht ist.
Kind. Nicht recht! Was ist unrecht tun?
Lehrer. Was man dir verbietet.
Kind. Was ist schon dabei, wenn ich tue, was man mir verboten hat?
Lehrer. Du wirst wegen Ungehorsams bestraft.
Kind. Dann tue ich es so, daß niemand davon etwas merkt.
Lehrer. Man wird es herausbekommen.
Kind. Dann sage ich nichts.

Lehrer. Man wird dich befragen.
Kind. Dann lüge ich.
Lehrer. Man darf nicht lügen.
Kind. Warum darf man nicht lügen?
Lehrer. Weil das nicht recht ist... usw.
Da haben wir den unvermeidlichen Kreislauf" (Rousseau 1995a: 206). Rousseau weist im Umkreis dieser Textstelle darauf hin, dass Locke beständig auf die Vernunft als *Werkzeug* rekurriere, um diese als *Werk der Erziehung* hervorzubringen. Die Zirkularität eines solchen Unternehmens nehme dieser aber nicht wahr, und er übersehe dabei die grundsätzliche Fremdheit des Kindes gegenüber den Erwachsenen: Kinder seien keine kleinen Erwachsenen, die noch erst lernen müssten, vernünftig zu sein. Vielmehr folgten ihre Selbst- und Weltverständnisse einer ganz anderen, Erwachsenen unzugänglichen Logik. Die durchgehende Bezugnahme auf für Kinder nicht nachvollziehbare Gründe entziehe diese den ihnen eigenen Selbst- und Weltbezügen.

Eine Provokation der Aufklärung ist in der Position Rousseaus zunächst deswegen zu sehen, weil er im Anschluss an seine Kritik die Autorität in der Erziehung *unsichtbar* machen und damit der Thematisierung und Rechtfertigung entziehen will: „Erhaltet das Kind einzig in der Abhängigkeit von den Dingen, dann werdet ihr in seiner Erziehung dem Gesetz der Natur gehorcht haben. Setzt seinen unvernünftigen Wünschen nur natürliche Widerstände entgegen oder Bestrafungen, die aus seinen Handlungen selbst entstehen und deren es sich bei wiederkehrender Gelegenheit erinnert; ohne ihm zu verbieten, Böses zu tun, genügt es, es daran zu hindern. Allein Erfahrung oder Unvermögen sollen die Stelle des Gesetzes einnehmen" (Rousseau 1995: 197f.). Da nach Rousseau die rationale Diskussion mit Kindern und damit auch die Rechtfertigung von Vernunft und Autorität ins Leere läuft, erscheint es Rousseau kaum sinnvoll, pädagogische Autorität als soziales Anerkennungsverhältnis zu denken. Folgerichtig ist daher, wenn Rousseau vorschlägt, über eine Kontrolle von Emiles Welt dessen Denken und Handeln zu leiten, ohne dass dieser etwas davon mitbekommt.

Die Provokation Rousseaus reicht allerdings weiter; denn Rousseau argumentiert *grundsätzlicher* gegen Lockes Maßgaben rationaler Begründung und Vernünftigkeit. Mit der Fremdheit des Kindes ist ein Raum eröffnet, für den Rationalisierungen und Argumente keine volle Geltungskraft entfalten können, ohne der kindlichen Existenz Gewalt anzutun. Die Dialoge zwischen Erwachsenen und Kindern, wie Rousseau sie in der obigen Textstelle ironisierend aufgreift, haben ja deswegen eine zirkuläre Form, weil die Erwachsenenrationalität eine in sich geschlossene mit sozialer Macht ausgestattete Struktur darstellt, welche das Denken der Kinder nicht zu erreichen vermag. Dieses „Defizit" stellt nun die Dignität der Erwachsenenrationalität selbst in Frage: Dort, wo die andere Seite zuletzt auf ein Übernehmen dessen verpflichtet wird, was im eigenen „Denksystem" als schlüssig erscheint, geht Autorität in Herrschaft und Gewalt gegenüber dem Anders-Denkenden über. Rousseau stellt demnach auch Lockes Anspruch in Frage, die Vernunft zur allgemeinen Maßgabe einer menschlichen Gesellschaft machen zu können.[2]

Zusammenfassend lassen sich drei Gesichtspunkte hervorheben, die für die pädagogische Autorität in der Moderne zentral und herausfordernd sind. Da ist – erstens – die Herausforderung, dass der Einsatz der pädagogischen Autorität auf ihre Abschaffung hin angelegt ist: Es geht nie einfach nur um Führung, sondern um eine Führung, die dem pädagogischen Adressaten (nach und nach) ermöglicht, Verantwortung für sich, sein Denken und Handeln zu übernehmen.[3] Zweitens birgt die Anbindung der Autorität an die Vernunft Schwierigkeiten, da die geforderte Distanzierung von sozialen Abhängigkeitsverhältnissen niemals vollständig gelingen kann. Daraus resultiert der Projektcharakter der Erziehung – zukünftig zu einer besseren Gesellschaft zu gelangen. Drittens lässt sich mit Bezugnahme auf Rousseau einwenden, dass die Autorität der Vernunft in der Erziehung sich an der Andersheit der kindlichen Rationalität bricht. Kann die Vernunft als gestaltende Macht der Erziehung überhaupt legitimiert werden? Wie verhalten sich Autorität und (gesellschaftliche) Macht zueinander? Unter Berücksichtigung sozialtheoretischer bzw. soziologischer Diskurse soll im Folgenden das Verhältnis von Autorität und Macht genauer betrachtet werden.

II. Autorität und Macht

Die bisherige Diskussion von Autorität hat sich auf das moderne Verständnis des Verhältnisses zwischen Erzieherperson und Zögling konzentriert. Mit dem Gesichtspunkt der Macht scheint etwas

---

[2] Eine „aufklärungskritische Position" entwickelt Rousseau maßgeblich an anderer Stelle (Rousseau 1995b).
[3] Dieses moderne Paradox der Erziehung diskutiert Michael Wimmer in seinem Beitrag mit Bezug auf Immanuel Kant.

auf, das für die sozialen Beziehungen in (modernen) Gesellschaften generell bedeutsam ist; denn offensichtlich verläuft das menschliche Leben nicht in einem unbeeinflussten Nebeneinander, sondern vollzieht sich in geregelten sozialen Beziehungen. Es existieren z.b. gemeinsame Orientierungen, welche die Selbstverständigungen und die Sozialbeziehungen ordnen. Dies ist die Perspektive, die Max Weber, einer der Gründungsväter der modernen Soziologie, auf den sozialen Raum entfaltet hat.

Im Zentrum steht dabei das „soziale Handeln", worunter Weber ein Handeln versteht, dem das Subjekt einen Sinn zuschreibt und das sich auf das Verhalten anderer Menschen bezieht oder sich an ihm orientiert (vgl. Weber 2005: 3). Das soziale Handeln stiftet dabei soziale Beziehungen, die wiederum auf Vorstellungen von Ordnung bezogen sind. Beispielsweise bietet jemand einem Freund beim Umzug Hilfe an. Handlungsweisen, wie z.b. benötigte Hilfe anzubieten, erlauben überhaupt erst, das Verhältnis von zwei Personen als „Freundschaft" anzusehen. Das soziale Handeln der Freunde orientiert sich dabei an übergeordneten (als legitim erachteten) Norm- und Wertvorstellungen, im vorliegenden Fall z.B. an der Vorstellung des „Füreinander-Daseins" von Freunden.[4]

In seinen soziologischen Studien interessierte sich Weber insbesondere für jene sozialen Handlungen und Beziehungen, die sich durch eine *Asymmetrie* in den Handlungsmöglichkeiten der beiden Seiten auszeichnen. Die in diesem Zusammenhang wichtige Begriffsbestimmung lautet: „Herrschaft soll heißen die Chance, für einen Befehl bestimmten Inhalts bei angebbaren Personen Gehorsam zu finden"[5] (Weber 2005: 38). Soziale Beziehungen, bei denen die eine Seite bestimmt, „was Sache ist", und die andere Seite diese Bestimmung akzeptiert, finden sich in allen Bereichen und Formen des gesellschaftlichen Lebens. Weber wollte insbesondere aufzeigen, welche Qualitäten den Gebietenden und welche den Gehorchenden zukommen müssen, damit eine solche Beziehung existieren kann.[6] Worauf kann sich die Autoritätsinstanz berufen, um Gehorsam zu erreichen?

Zur Beantwortung dieser Frage lässt sich Weber durch eine Unterscheidung leiten, die sich auf die „Legitimität" von Herrschaft

---

[4] Natürlich ist denkbar, dass jemand seinem „Freund" keine Hilfe beim bevorstehenden Umzug anbietet; aber er wird dies laut Weber „verhehlen" oder andere Bezüge geltend machen müssen, die ihn daran hinderten, seine Hilfe anzubieten.
[5] Weber verwendet die Konzepte „Herrschaft" und „Autorität" oft synonym.
[6] Außerdem sind die gesellschaftlichen Rahmenbedingungen (ökonomischer, kultureller, politischer Art) von Bedeutung, um die Ausprägung von Herrschaftsbeziehungen verständlich zu machen.

bezieht: Die drei Typen von Herrschaft differieren in der Art und Weise, wie sie ihren Anspruch auf Herrschaft sichern können. Dass die Frage der Legitimität für Weber von besonderer Bedeutung ist, lässt sich schon an der oben angeführten Definition von Herrschaft erkennen: Weber spricht nämlich nicht einfach von Gehorsam, sondern von der „*Chance*, für einen Befehl [...] Gehorsam zu finden" (ibid., Hervorh. A.S./C.T.). Autorität wird also nicht über die Fügsamkeit der Autoritätsgläubigen beschrieben, da eine solche immer auch geheuchelt werden kann. Der Begriff der „Chance" richtet sich auf jene Gesichtspunkte, bezogen auf die Gehorsam gegenüber einem Befehl *erwartbar* wird. Damit ist ein anderer Gedanke aufgerufen, auf den Weber gleich zu Beginn hinweist: die Bedeutung des *Legitimitätsglaubens*.

Herrschaftsverhältnisse stellen sich aus ganz unterschiedlichen Gründen ein. Es ist beispielsweise denkbar, dass ich den Befehlen eines anderen folge, weil ich mir davon konkret Vorteile verspreche oder weil es ein Gefühl der Verbundenheit gegenüber der Autoritätsperson gibt. Nach Weber bieten diese „lokalen Gründe" allein keine stabile Basis für Autorität. Bezogen auf das Beispiel: Im weiteren Verlauf einer Situation treten womöglich andere Erfolgsmöglichkeiten oder konkurrierende Interessen auf, so dass sich das Autoritätsverhältnis auflösen würde. Will die Autorität ihren Fortbestand sichern, dann ist es unabdingbar, dass sie in den Augen der Gehorchenden *den Glauben erweckt*, die Herrschaft sei gerechtfertigt, legitim. Da nach Weber je nach Art der Autorität das Stellen des Legitimitätsanspruchs unterschiedlich ist, bietet es sich umso mehr an, Autoritätsverhältnisse nach dem Gesichtspunkt der Legitimität zu systematisieren.

Weber spricht – wie schon gesagt – von drei reinen Typen von Herrschaft (die häufig als Mischformen auftreten und in sich weiter differenziert und konkretisiert werden können). Da ist erstens die rationale *Herrschaft*, die auf dem Glauben der Legalität des Herrschaftsverhältnisses beruht, d.h. auf gesatzten Ordnungen. Ein Beispiel hierfür ist die Akzeptanz, die den Anweisungen eines Verkehrspolizisten entgegen gebracht wird, der auf der Grundlage der Straßenverkehrsordnung und weiterer Dienstverordnungen tätig ist. Die *traditionale Herrschaft* beruht auf dem „Alltagsglauben an die Heiligkeit von jeher geltender Traditionen" (Weber 2005: 159). In diesem Herrschaftstypus kündigt sich eine demütige Haltung gegenüber den Regeln und Bräuchen an, die tagtäglich gelebt werden. Drittens nennt Weber die *charismatische Herrschaft*, die an die Führungsqualität und Vorbildlichkeit einer Person geknüpft ist. Gemeint ist hier ein Vertrauen gegenüber einer Person, richtige Entscheidungen für das eigene Leben oder die soziale Gruppe zu treffen.

Vor dem Hintergrund dieser Systematisierung kann Weber im Detail betrachten, welche Vorstellungen auf beiden Seiten in den jeweiligen Herrschaftsbeziehungen wichtig sind und wie sich die Herrschaft organisiert. Bezogen auf die legale bzw. rationale Herrschaft weist Weber z.B. auf die Bedeutung eines „regelgebundenen Betriebs" hin, in dem Zuständigkeiten und Verfahrensweisen definiert werden. Man denke z.B. an das Kraftfahrtbundesamtes in Flensburg und seine Verkehrssünderkartei als wichtige Verwaltungsinstanz zur Aufrechterhaltung geordneter Verhältnisse im Straßenverkehr.[7]

Webers Systematisierung rückt dadurch, dass er den Glauben an die Autorität zum Ausgangspunkt nimmt, gelungene und also legitime Autoritätsbeziehungen in den Vordergrund. Aus einer solchen Perspektive drohen die konkreten Dynamiken in Autoritätsverhältnissen aus dem Blickfeld zu geraten: Dass Autorität in konkreten sozialen Beziehungen durchaus weiterhin auf dem Prüfstand stehen und umstritten sein kann, dass ihre Legitimität immer wieder aufs Neue hergestellt werden muss, findet so wenig Aufmerksamkeit. Dies hat damit zu tun, dass die Macht einseitig als eine Art Handlungsressource, d.h. im Sinne eines Gefälles von oben nach unten verstanden wird: Ein Abteilungschef hat definierte Befugnisse, die seinen Untergebenen nicht zur Verfügung stehen. Jüngere Studien zur Autorität stellen stärker die situativen Faktoren und die Komplexität von sozialen Beziehungen in Rechnung und betrachten von hier aus die Konstitution bzw. den Verfall von Autoritätsbeziehungen. „Herrschaft" und „Autorität" treten auseinander. Tragend ist hierbei ein differentes Verständnis von „sozialer Organisation"[8]. Eine an

---

[7] Das Beispiel macht einsichtig, dass die Sanktionsmacht, die im so genannten „Punktesystem" liegt, von der Legitimität der rationalen Herrschaft lebt. Umgekehrt bedarf es der Sanktion, um die Herrschaft zu erhalten. Die Ausübung rationaler Herrschaft durch Behörden erfordert des Weiteren pflichtbewusste, ihren Dienst (ohne Skepsis gegenüber der Autorität) verrichtende Beamte.
Insgesamt zeigt sich hier die Wichtigkeit des Themas „Bürokratie" für Weber. Aus heutiger Sicht erscheint das Verhältnis von rationaler Herrschaft und Bürokratie gebrochen: Nicht zuletzt aufgrund ihrer Komplexität bringt die Verwaltung eigene Logiken und Rationalitäten hervor, die nicht selten in einem Spannungsverhältnis zu jenen Satzungen stehen, deren Geltung sie eigentlich durchsetzen und bekräftigen sollen.

[8] Die Organisationssoziologie versteht unter „Organisation" ein Gebilde, in dem soziale Akteure, Beziehungen, Regeln, Abläufe etc. ineinander greifen, um ein übergeordnetes Ziel zu erreichen (z.B. für die Organisation „amnesty international" die Einhaltung der Menschenrechte).

Legitimität ausgerichtete Perspektive wird sich bei allen historischen Veränderungen der Organisation an dem Gesichtspunkt struktureller Tragfähigkeit orientieren, während die neueren Ansätze hervorheben, dass eine Organisation direkt aus sozialem Handeln hervorgeht und also nicht unabhängig von dessen Verlauf existiert. Die Organisation sollte demnach nicht als starres Gebilde aufgefasst werden, sondern als etwas, das sich *im Organisieren organisiert* (vgl. Sofsky/ Paris 1994).

Des Weiteren wird zu akzeptieren sein, dass der Sinn menschlicher Handlungen nicht unmittelbar zugänglich ist. Die Bedeutung von Handlungen, der *status quo* einer sozialen Beziehung (Sind wir Freunde oder nicht?), aber auch die – sowohl das Handeln als auch die Beziehungen – bestimmenden Ordnungsvorstellungen sind nicht gleichsam von einem archimedischen Standpunkt aus zugänglich, sondern ergeben sich nur *im Lichte der Interpretationen der sozialen Akteure*. So gesehen befinden sich Organisationen nicht nur im Fluss hinsichtlich der sie bestimmenden Regelzusammenhänge; vielmehr zeichnen sie sich durch indefinite Spielräume aus, da die sozialen Regeln, die Beziehungen zu anderen etc. immer durch die Perspektive der sozialen Akteure auf die anderen und auf sich vermittelt sind. Diese Vermitteltheit des Sozialen lässt die Organisation der Organisation nicht unberührt und fügt den Anforderungen an Autoritätsverhältnisse weitere hinzu.

Für die Autorität folgt aus dem Gesagten, dass die mit ihr verknüpfte Macht nicht einfach einer Seite zugeschlagen werden kann. Vielmehr wird man bezogen auf Autoritätsverhältnisse das Ineinandergreifen von Machtverhältnissen in verschiedenen Dimensionen (Abläufen, Organisationsmitgliedern, Beziehungen etc.) stärker berücksichtigen müssen.[9] Dabei wird – besonders für pädagogische Beziehungen – die Notwendigkeit der Selbstführung der Autoritätsinhaber in das Blickfeld rücken. Die LehrerInnen in der Neuköllner Rütli-Schule[10] werden beispielsweise kaum auf die gesellschaftliche Akzeptanz der Schule oder ihrer Einrichtung im Besonderen bauen können, um in ihrer Rolle als Wissens- und Normenvermittler seitens der Kinder und Jugendlichen akzeptiert zu werden. Wenn die

---

[9] In seinem Beitrag zum vorliegenden Band verfolgt Rainer Paris eben diese komplexen Zusammenhänge unterschiedlicher Dimensionen sozialer Interaktion, welche die Aufrechterhaltung von Autorität zu einer Herausforderung werden lassen, in der Schule.

[10] Im März 2006 verfassten die Lehrer der Schule einen Brief an die Verwaltung, in dem sie wegen einer immer weiter umgreifenden Gewalt seitens der Schüler um die Auflösung der Schule ersuchten.

SchülerInnen dieser Schule davon ausgehen müssen, dass sie einen „Rest" darstellen – bar jeglicher sozialer Chancen –, zerfällt mit dem Sinn der Schule auch die Autorität der Lehrpersonen. Es wird also ein gänzlich anderes Handeln erforderlich sein, um überhaupt eine Unterrichtsstunde abhalten zu können. Möglicherweise werden sogar vermehrt Situationen auftreten, in denen LehrerInnen „Autorität" nur dadurch aufrechterhalten können, dass sie nicht auf dieser bestehen. Die LehrerInnen kommen gerade hier nicht umhin, ihre mögliche Autorität im Lichte der Interpretationen und Erwartungen der SchülerInnen zu sehen und darauf Bezug zu nehmen.[11] Autorität ist kein ‚Ding', sondern etwas, an dem soziale Akteure beständig arbeiten, wobei insbesondere der Autoritätsinhaber nicht sicher sein kann, dass sein Engagement für die Führung der Geführten erfolgreich sein wird.

Das Beispiel von der Rütli-Schule vermag indes nicht nur die Bedeutung eines anderen Machtkonzepts für die Konstitution bzw. die Fragilität von Autoritätsbeziehungen zu verdeutlichen; es erlaubt auch, kurz auf die heute viel diskutierte These einer „Krise der Autorität" einzugehen. Diese Krise wird häufig mit einer Veränderung in (spät-)modernen Gesellschaften in Verbindung gebracht: Diese zeichneten sich durch eine Entwertung eben jener Instanzen und Traditionen aus, welche Menschen zuvor eine Sicherheit hinsichtlich ihrer Vergangenheit und Zukunft gaben (Reichenbach 2007). Wissen, Erkenntnis und Lebensführung würden in der Moderne nicht mehr durch eine jenseitige (Schöpfungs-)ordnung begründet. Aber auch die moderne Wissenschaft liefere keine Anhaltspunkte, wie der Mensch sein Leben zu gestalten habe: Da die Wissenschaft ein immer nur hypothetisches Wissen hervorbringe, dessen Bedingungen stetiger Überholbarkeit ausgesetzt sind, stelle die Wissenschaft keine Gesichtspunkte zur Verfügung, um dem menschlichen Handeln eindeutige Orientierungen zu bieten (vgl. Benner 1993). Die Wissenschaften in der (fortgeschrittenen) Moderne hätten in ihrer Ausdifferenzierung und Spezialisierung die menschlichen Lebenszusammenhänge hingegen zusätzlich

---

[11] Damit wird das Machtkonzept Webers (Durchsetzungsfähigkeit von Handlungen bzw. Handlungsressourcen) verlassen zugunsten eines Machtbegriffs, der die Möglichkeit von Akteuren beschreibt, *durch ihr Handeln auf das freie Handeln anderer Einfluss zu nehmen*. Ein solches Machtkonzept hat insbesondere Michel Foucault in seinen historisch-philosophischen Studien eingesetzt (vgl. Foucault 1987). Mit der Einführung eines Hausaufgabenheftes in der Schule setze ich z.B. nicht meinen Willen gegen die Schüler durch, ihre Pflichten nachzuhalten und ihnen nachzukommen. Das Hausaufgabenheft vermag jedoch, die Dokumentation der Aufgaben zu befördern und damit möglicherweise auch das Pflichtbewusstsein zu steigern.

verkompliziert. Weiterhin sehe sich der Mensch Problemlagen gegenüber, die sich erst im Zuge des modernen Lebens herausgebildet hätten (z.B. Folgen der Industrialisierung). Aufgrund der modernen Vervielfältigung und Virtualisierung des Wissens sei die Gegenwart allgemein unübersichtlich und unsicher geworden, wobei nicht nur das Wissbare, sondern gleichermaßen die menschlichen Lebenszusammenhänge betroffen seien.[12]

Die moderne Erfindung der Schule wird mit der Funktion in Verbindung gebracht, jene Kulturtechniken und Wissenszusammenhänge zu vermitteln, die für die moderne Gesellschaft und das Leben der Menschen in dieser notwendig sind und die eben nicht mehr im Rahmen alltäglicher Lebensführung erworben werden können (vgl. z.B. Fend 2006). Es scheint nun, als würde die Schule im Kontext einer radikalisierten Moderne selbst noch von der Entwicklung eingeholt, auf die ihre Erfindung doch die Antwort sein sollte: Wo die Überholbarkeit bzw. Unsicherheit des Wissens konstatiert und die Erfahrung mit diesem Wissen entwertet wird, verlieren auch moderne Autoritätsverhältnisse, wie z.B. zwischen Lehrern und Schülern, an Bedeutung. Auf welcher Grundlage kann die „Schule" überhaupt die ihr zugedachte Aufgabe erfüllen?[13] Bezogen auf das Beispiel der Rütli-Schule ist demnach neben den bereits genannten spezifisch modernen sozialen Problemlagen (z.B. Chancenlosigkeit auf dem Arbeitsmarkt) auf einen kulturellen Wandel der Schule in den letzten 30 Jahren zu verweisen.

III. Der Grund der Autorität

Ungeachtet der Beobachtung einer zunehmenden Egalisierung von vormalig asymmetrischen Sozialbeziehungen in der heutigen Zeit

---

[12] In diesem Zusammenhang werden verschiedene Schlagworte verwendet, um die „modernen Verhältnisse" zu charakterisieren, wie z.B. „Enttraditionalisierung" (Hinterfragen von Tradition, Ausbildung neuer Orientierungsmuster, Reflexivität: vgl. Giddens 1996) oder „Individualisierung" (Leben als zu übernehmende und gestaltende Aufgabe des Individuums, damit zugleich die individuelle Zurechnung gesellschaftlicher Problemlagen; Beck 1986). An dieser Stelle ist nicht möglich, ausführlicher auf diese Konzepte einzugehen. Es soll jedoch darauf hingewiesen werden, dass die Dichotomie von vormoderner Traditionalität und moderner Reflexivität bzw. Rationalität nur begrenzt vormoderne bzw. moderne Gesellschaften zu fassen erlaubt. Auch der Geltungsbereich der These von der „Individualisierung" in der (radikalisierten) Moderne bedarf weiterer Reflexion.

[13] In seinem Beitrag nimmt Werner Helsper den Gedanken, dass die Aura der Schule als einzigartiger Bildungsstätte erodiere, zum Ausgangspunkt, um die Fragilität und Störanfälligkeit von Lehrerautorität darzulegen.

stellt sich die Frage, auf welcher Grundlage sich Autoritätsverhältnisse in sozialen Zusammenhängen entwickeln können. Unabhängig davon, ob soziale Beziehungen sich als gleichrangig oder hierarchisch darstellen, birgt die Entstehung und Aufrechterhaltung von Autorität Probleme. Diese verweisen zum einen auf die Frage nach den sozialen Bedingungen, durch die ein sozialer Akteur zu einer Autorität *wird*. Zum anderen rückt jener „Grund" der Autorität ins Zentrum, von dem aus die Autorität als *gerechtfertigt* zu erscheinen vermag.

Mit der erstgenannten Frage nach den Entstehungsbedingungen von Autorität hat sich der französische Soziologe und Sozialphilosoph Pierre Bourdieu auseinander gesetzt, der davon ausgeht, dass sozialen Akteuren Autorität durch soziale Praktiken verliehen wird, die er als „Einsetzungs-" oder „Autorisierungsriten" bezeichnet. Mit diesen Riten wird in den sozialen Raum ein Unterschied eingebracht, und zwar zwischen jenen, die diese Praktiken durchlaufen, und denen, die diese nicht durchlaufen. Bourdieu gibt ein Beispiel aus traditionellen Gesellschaften: Die Übergangsriten, die junge Männer durchlaufen, bildeten nicht nur eine Zäsur zwischen Kindheit und Mannesalter. Ihre Funktion bestehe auch darin, den Unterschied zwischen Männern und Frauen zu institutieren: Die Einsetzung dient dazu, „aus dem kleinsten, schwächsten, kurz, weibischsten Mann einen vollgültigen Mann zu machen, wesensmäßig und von Natur aus unterschieden noch von der männlichsten, größten, stärksten usw. Frau" (Bourdieu 2005: 112). Der Ritus bezieht sich demnach auf das verborgene Ganze einer bestehenden sozialen Ordnung, die, so Bourdieu, festgeschrieben und geheiligt wird. In den erwähnten Übergangsriten werden soziale Unterschiede bekräftigt, indem sie auf einen heiligen, einen den Menschen selbst unverfügbaren Grund zurückgeführt werden. Mit der von hier her bekräftigten Identität des „Mannes" wird der (hierarchische) Geschlechtsunterschied als etwas gesetzt, das von den Menschen nicht mehr problematisiert werden kann.

Nach Bourdieu besteht in dieser Hinsicht keine Differenz zwischen modernen und traditionellen Gesellschaften. Was für traditionelle Übergangsriten gilt, hat seine Entsprechung im „Diplom" oder in der „Promotion": Hier wie dort wird durch einen sozialen Vorgang einem sozialem Unterschied Existenz verliehen. Um diesen Vorgang in seiner ganzen Reichweite, in seiner rituellen Bedeutung zu begreifen, muss man sich der *performativen Dimension* oder *performativen Magie* dieser Praktiken bewusst werden. Ihnen kommt, so Bourdieu, eine Macht zu, „über die Vorstellung von der Wirklichkeit die Wirklichkeit selbst zu beeinflussen" (ibid.: 113). Die feierliche Einsetzung nach einer Diplom- oder Doktorprüfung hat eine reale Wirkung, insofern als sich dabei die eingesetzte Person *verwandelt*. Die zeremonielle Verleihung der „Urkunde" bringt praktisch eine „neue Identität" hervor – eine Identität, zu der sich nicht nur Andere anders verhalten werden, sondern zu der man sich auch selbst in ein neues Verhältnis setzen muss.

Als erstes weist Bourdieu auf die Veränderung der Vorstellung hin, die andere soziale Akteure von dieser Person haben. Diese wird nun mit einem Titel angeredet, hat eine „Würde" erlangt, wirkt „erhaben". Dementsprechend wird ihr Achtung und Respekt gezollt und auf diese Weise ein Unterschied gegenüber einem selbst und gegenüber Dritten normalisiert. Zweitens verändert sich die Art und Weise, wie sich die eingesetzte Person selbst sieht. Das Verhalten der Person wandelt sich: Sie sieht sich der mit der Einsetzung verbundenen Würde verpflichtet. Es tritt z.B. mit der Verleihung der Doktorwürde ein Wandel in der Art ein, sich zu kleiden oder seine Freizeit zu gestalten. Denkbar ist auch, dass ein distinguiertes Verhältnis zum allgemeinen sozialen Leben eintritt. Der durch die Einsetzung in die Welt gebrachte Unterschied wird nun praktisch produktiv: Er bindet die Autoritätspersonen an gewisse Imperative und bekräftigt zugleich die subordinierte Stellung jener, die nicht autorisiert wurden.

Die Einsetzungspraktiken bringen eine Differenz zwischen zwischen Männern und Frauen, zwischen Hochschulabsolventen und Nicht-Absolventen, zwischen Adligen und Nicht-Adligen etc. hervor, die im Anschluss sozial bedeutsam, zu einer – so Bourdieu – objektiven Relation zu werden vermag. Die Unterscheidungen sind *in der Welt* und werden schicksalsträchtig: Sie schließen „die dergestalt unterschiedenen in die Grenzen [ein; A.S./C.T.] [...], die ihnen zugewiesen sind und die sie anerkennen müssen" (Bourdieu 2005: 115). Mit diesen Grenzen sind Limitierungen hinsichtlich der Vorstellungen und Repräsentationen verbunden, welche die sozialen Akteure von ihrer Wirklichkeit haben. Ein Beispiel: Nachdem sich ein Berechnungsfehler herausgestellt hat, wird vom erfolgreichen Absolventen eines Mathematik- oder Ingenieurstudiums erst einmal angenommen, er habe sich „zufällig" verrechnet; dem Nicht-Absolventen hatte man bereits vorher nicht zugetraut, eine solche Rechnung korrekt durchzuführen (vgl. ibid.).

Derartige Attributionsurteile geben letztendlich Normalitätserwartungen wieder, die sich im Zuge sozialer Einsetzungsriten herausgebildet haben. Diese Erwartungen determinieren zwar nicht, was wir sehen, wie wir angesichts einer Situation urteilen oder handeln werden. Sie geben jedoch einen Spielraum vor, in dem das Wahrnehmen, Denken und Handeln der Akteure sich bewegt – und aus dem ein Ausbrechen kaum möglich erscheint.[14] Ein anderes Beispiel kann dies verständlich machen. Der Hinweis, dass *auch Mädchen* in mathematisch-naturwissenschaftlichen Fächern zu den überlegenen Schülern gehören können, bestätigt in sich die ursprüngliche Differenz: „Mädchen" erscheinen gegenüber dem Attribut „naturwissenschaftlich-mathematisches" Verständnis als das Andere. Im Rahmen des Unterrichts ergeben sich *immer wieder*[15] Möglichkeiten, das gesellschaftliche Machtverhältnis zu bestätigen, indem z.B. der Erfolg von Jungen und der Misserfolg von Mädchen (auch von diesen selbst) als *repräsentativ* wahrgenommen werden. Den als Autorität Eingesetzten ist der Zusammenhang zur Sanktionierung und Heiligung der Ordnung nicht bewusst. Sie bewegen sich im Glauben an die Evidenz des Vorliegenden, verlieren aus dem Blick, dass die Autorisierungen sozialen Ursprungs sind.

Aber wie sieht der Hintergrund dieser Machtverhältnisse aus? Worauf können sich die sozial instituierten Differenzen berufen? Warum gewinnen soziale Unterschiede und Positionen, die selbst in sozialen Praktiken hervorgebracht werden, eine unhinterfragte Gültigkeit für das Denken, Urteilen und Handeln der Menschen? Bourdieu verweist an dieser Stelle auf eine „magische Wirksamkeit" solcher Differenzen und der mit ihnen errichteten Grenzen. Damit scheint erneut ein Gedanke auf, der zuvor mit Bezug auf Weber genannt wurde: der Legimitäts*glaube*[16]. Einerseits erscheint die Differenz von Absolvent und Nicht-Absolvent als natürlich im Hinblick auf „Nachvollziehbarkeit" und „Evidenz". Andererseits beruhen die durch die Differenz produzierten Vorstellungen laut Bourdieu auf einem „Wahn". Man stelle sich vor, wie das Endergebnis der Abschlussprüfung zwischen dem Absolventen und dem Nicht-Absolventen nur durch einen Punkt Abstand zustande gekommen ist, der über Bestehen bzw. Nicht-Bestehen entschieden hat. Die Differenz in der Leistung Beider war minimal. Mit der Bestehensgrenze ist

---

[14] Diese Dispositionen des Wahrnehmens, Denkens und Handelns einer Person nennt Bourdieu „Habitus". Dieser verbürgt im Subjekt den genannten „Spielraum" des Verhaltens bzw. Handelns.
[15] Bourdieu stellt heraus, dass die Wiederholung und Re-inszenierung der Differenz wichtig ist, um sich dauerhaft in die Körper der sozialen Akteure einzuschreiben (vgl. ibid.: 116).
[16] Auf die Qualität und den Hintergrund dieses „Glaubens" ist im vierten Abschnitt der Einführung zurückzukommen.

jedoch das Kontinuum der Punkteskala aufgebrochen worden. Der eine hat die Prüfung erfolgreich bestanden, der andere versagt.[17]

Wird der soziale Ursprung der Differenz in den Blick gebracht, verliert die Autorität ihre Erhabenheit und die soziale Ordnung ihre Natürlichkeit (womit allerdings die Differenz noch lange nicht aus der Welt geschafft ist). Eine Kritik der Autorität richtet sich bei Bourdieu auf die gesellschaftlichen Machtverhältnisse, die durch ihre wiederholende Einsetzung bestätigt werden, ohne dass ihre Legitimität thematisiert würde. Die „magische Hervorbringung" einer akzeptierten Ordnung verweist so nicht zuletzt darauf, dass für die Geltung solcher Ordnungen kein Grund angegeben werden kann, der den gesellschaftlichen Auseinandersetzungen entzogen wäre.

Mit dem Grund, auf dem die Autorität beruht, hat sich (auch) der poststrukturalistische Denker Jacques Derrida beschäftigt, der sich aus einer ethisch-politischen Sicht dem Thema annähert. Derrida fragt danach, auf welcher Grundlage das Recht und die erlassenen Gesetze ihre „Kraft" und Autorität erhalten – eine Kraft, die das Rechtmäßige vom Nicht-Rechtmäßigen verbindlich zu unterscheiden beansprucht. Derrida verweist darauf, dass die Antwort auf die Frage nach der Geltungskraft von Recht und Gesetz rätselhaft bleiben muss: Der Grund der Autorität sei, so Derrida, „mystisch"[18].

Nach Derrida besteht die Herausforderung jeder Rechtstheorie darin, den Grund, auf dem das Recht beruht, einzuholen. Wenn man – wie in modernen (westlichen) Gesellschaften davon ausgeht, dass diejenigen, die Gesetze erlassen, selbst (etwa durch eine demokratische Wahl) rechtmäßig dazu befugt sein müssen, wird deutlich, dass der Grund für die Geltung des Rechts selbst als rechtlich verstanden wird. Damit politisch erlassene Gesetze auch „Recht" sind, müssen sie demnach in rechtlich legitimierten Verfahren hervorgebracht worden sein. Wenn man weiter danach fragt, woher denn diese rechtliche Verfasstheit der Gesetzgebungsorgane kommen soll, könnte darauf hingewiesen werden, dass diese das Ergebnis geschichtlicher Entwicklungen sei. Es können historische Entstehungsbedingungen des demokratisch verfassten Rechtsstaates auf-

---

[17] Bourdieu bringt dieses Beispiel Bezug nehmend auf die Aufnahmeprüfungen an französischen Eliteschulen, welche darüber entscheiden, wie es im Leben der Prüflinge weitergeht. Aus den Absolventen dieser Schulen rekrutiert sich in Frankreich die Führungselite (vgl. ibid.: 113f.).

[18] Mit dem Begriff des Mystischen ist das Geheimnisvolle und Unbegreifliche verbunden. Das Konzept verweist auf rituelle Prozesse, bei denen eine (*nur*) *zeichenhafte Präsenz* des Sakralen (z.B. das Brot als „Leib Christi") eine Wirkung auf jene entfalten kann, die den Ritus vollziehen.

gerufen werden. Für Derrida lösen solche historischen Verweise aber nicht das Problem, warum in rechtlich legitimierten Verfahren erlassene Gesetze *gültig* sein sollen. Denn immerhin ist in jedem konkreten Gesetzgebungsprozess eine Entscheidung zu treffen, die in ihrem konkreten Inhalt nicht durch die rechtliche Legitimation gedeckt ist. Auch wenn die gesetzgebende Instanz selbst rechtlich legitimiert ist, stellt sich immer noch ein Begründungsproblem: Warum die Entscheidung für ein bestimmtes Gesetz getroffen wird, kann selbst nicht noch einmal mit dem Hinweis auf die rechtlichen Voraussetzungen der Entscheidung begründet werden. Es öffnet sich an dieser Stelle die Differenz zwischen der Legalität des Gesetzgebungsverfahrens und der Legitimität seiner Entscheidung aufs Neue. Was nach den Regeln der Rechtsetzung verabschiedet wurde, definiert das, was rechtmäßig ist, aber damit ist doch zugleich offen, ob das Rechtmäßige auch das „Richtige", das von allen zu akzeptierende Legitime oder „Gerechte" ist. Das Gesetzgebungsverfahren erhebt immer schon den Anspruch, diese Lücke zu schließen, ohne dies zu können.

Derrida sieht hier eine nicht aufzuhebende Gewaltsamkeit am Werk. „Weil sie sich definitionsgemäß auf nichts anderes stützen können als auf sich selbst, sind der Ursprung der Autorität, die (Be)gründung oder der Grund, die Setzung des Gesetzes in sich selbst eine grund-lose Gewalt(tat). Das bedeutet nicht, dass sie an sich ungerecht sind (im Sinne von ‚unrechtmäßig'). Im gründenden Augenblick, in dem Augenblick, der ihr eigener Augenblick ist, sind sie weder recht- noch unrechtmäßig. Sie gehen über den Gegensatz, der zwischen dem Ge- oder Begründeten und dem Un-be-gründeten besteht, hinaus [...]" (Derrida 1991: 29). Derrida geht es in seinen Überlegungen um die Setzung und Instituierung des Rechts, von der er behauptet, dass diese das Gewebe der Geschichte zerreiße (ibid.: 28). Gemeint ist hier – wie oben bereits angedeutet –, dass sich Rechtsfragen zwar *entwickeln*, dass gesellschaftliche Veränderungen Gesetzesänderungen provozieren (vgl. den „§218"); die neue Regelung des Rechts selbst aber ist als neue eine Ordnungsleistung, die nicht durch das determiniert wird, was vorher als „recht" oder „unrechtmäßig" qualifiziert wurde.

Für eine Neuregelung ist eine Entscheidung notwendig, die – selbst wenn sie sich als „Fortschreibung" oder „Anpassung" alter Regeln an neue Umstände versteht – einen neuen „Grund" setzt. Diese Entscheidung kann sich kaum auf eine „gesellschaftliche Diskussion" oder eine „verbreitete Meinung" berufen, da sie selbst ja darin besteht, in einem Akt einer solchen Sichtweise „Gesetzeskraft" zu verleihen. Dieser Akt der Setzung kann sich zu seiner Begründung nicht einfach auf ein gegebenes Meinungsbild berufen. Sollte er es dennoch tun (was ja nicht selten geschieht), dann würde die Geltung von Gesetzen von zufälligen sozialen Meinungen abhängen. Wie aber sollte ein Gesetz allgemein und notwendig Geltungskraft entfalten, wenn es sich durch eine Bezugnahme auf geschichtlich kontingente Ereignisse ableitet? Derrida verwendet in der oben genannten Textstelle den Begriff „definitionsgemäß" und spielt damit auf den Akt des Setzens eines „Gesetzes" an. Dieser Entscheidungsakt lässt sich nicht begründen. Begründungen können herangezogen werden, aber sie reichen niemals hin: Genau darin sieht Derrida die Grundlage der Gesetzeskraft: Würde man sie auf zufällige Machtkonstellationen oder Drucksituationen zurückführen können, wären Gesetze in ihrer Geltung eben dieser Zufälligkeit unterworfen: Sie wären nur der direkte Ausdruck sozialer Machtkonstellationen – und damit problematisch. Mit dem Setzen ist immer ein *Beginn* markiert (vgl. Derrida 2005: 44f.), der als solcher die Unabhängigkeit politisch-rechtlicher Entscheidungen von sozialen Bedingungen und Auseinandersetzungen markiert. Gesetz und Geltung werden im Akt der Setzung zusammen hervorgebracht als das, was für sich eine „Kraft" beansprucht, die unabhängig von den unterschiedlichen sozialen Machtkonstellationen ist.

Lässt sich das Gesetz in keine Geschichte weben oder in den Rahmen einer Erzählung einfügen, stellt sich die Stiftung des Gesetzes als unvorhersehbarer „Einbruch" dar, der unverständlich ist, sich einer Deutung entzieht. Laut Derrida kann erst die Zukunft die Verständlichkeit des Gesetzes erzeugen: „Eine ‚gelungene' Revolution, eine ‚gelungene' Staatsgründung [...] wird *im Nachhinein* hervorbringen, was hervorzubringen sie bestimmt war: Interpretationsmodelle, die sich zu einer rückwirkenden Lektüre eignen, die geeignet sind, der Gewalt, die unter anderem das fragliche Interpretationsmodell selbst (das heißt den Diskurs ihrer eigenen Rechtfertigung) hervorgebracht hat, Sinn zu verleihen – die geeignet sind, die Notwendigkeit und besonders die Legitimität dieser Gewalt hervorzuheben" (Derrida 1991: 79f., Hervorh. A.S./C.T.). Recht und Gesetz sind nach Auffassung Derridas immer von Gewalt affiziert, was sich nicht zuletzt in der beschriebenen *juridisch-symbolischen Gewalt der Deutung* zeigt, die Derrida mit dem Begriff „Interpretationsmodell" umschreibt.[19] Gesetze stiften eine Unterscheidung des Rechtmäßigen

---

[19] Michael Wimmer geht in seinem Beitrag von der Grundlosigkeit der Autorität aus, um von hier aus zu zeigen, dass dies nicht ihre Nichtigkeit impliziere. Die

vom Unrechtmäßigen, die als solche erst in ihrer Bedeutung für konkrete soziale Prozesse erschlossen werden muss. Bestimmte Konflikte werden als solche im Hinblick auf ein solches Gesetz erst als „rechtlich relevant" sichtbar und die Frage, was dies wiederum für den Umgang mit diesen Problemkonstellationen bedeutet, muss beantwortet werden. Es entwickeln sich Interpretationsmodelle, die selbst eine Definitionsmacht beanspruchen und so eine symbolische Gewalt entfalten. Das Interpretationsmodell, das selbst erst Folge aus dem Ereignis des Setzens ist, wird in diesem Prozess *als* Interpretationsmodell unsichtbar. Mit der Selbstverständlichkeit der Deutung verschwindet das Bewusstsein einer Deutung neben anderen möglichen Deutungen.

Insgesamt heben sowohl Bourdieu als auch Derrida die „Grundlosigkeit" von Autorität hervor. Es gibt keinen unbezüglichen Bezugspunkt, welcher der Autorität ihre Bestimmungskraft garantieren würde. So zeigen beide Denker in ihrem jeweiligen Theorierahmen, wie Autorisierungen sich praktisch-performativ vollziehen und dabei gleichzeitig ihren Grund mit hervorbringen: Autorität entsteht mit ihrer Instituierung und die Sprache ist dabei maßgeblich beteiligt. Autorität verändert Wirklichkeit, indem sie symbolische Ordnungsmuster bereitstellt, durch die wir die Welt wahrnehmen und begreifen. Während Bourdieu ausgehend davon die Beharrenskraft bestehender sozialer Ordnungen vorführt, arbeitet Derrida die ereignishafte Lücke im Recht heraus, die immer auch mit Gewalt verknüpft ist.

IV. Autorität als Fiktion?

Dass die Frage nach der Autorität nicht zuletzt politische Implikationen hat, zeigt sich auch an einer anderen Stelle. Wenn Autorität von Akzeptanz abhängt und damit immer problematisch bleibt, dann könnte man die politische Souveränität als jene „letzte Instanz" vermuten, die mit einer unhinterfragbaren Autorität die Auseinandersetzung um Autorität bändigt: Der politische Souverän entscheidet dann Autoritätskonflikte, indem er Ordnungen und Interpretationsspielräume vorgibt, die nicht in Frage zu stellen sind. Im Anschluss an die Diskussion der Sichtweisen Bourdieus und vor allem Derridas ist jedoch zu vermuten, dass diese Autorität des Souveräns selbst nicht unproblematisch ist. Und es stellt sich die Frage,

---

Grundlosigkeit ziehe vielmehr eine andere „Art der Begründung" nach sich: In Sprachhandlungen würden Gründe rhetorisch-performativ hervorgebracht.

wie sich der politische Souverän *zeigen* muss, um als unproblematisch zu gelten. Dies ist die Frage nach der Inszenierung politischer Souveränität – eine Frage, die als solche nichts Anderes anzeigt, als dass die politische Autorität ähnlichen Akzeptanzproblemen unterliegt wie andere Autoritäten auch.

Ausgangspunkt für die politisch theoretische Diskussion um Autorität in der Moderne ist die Feststellung, dass der politische Herrscher nicht mehr als von Gott eingesetzter Souverän gedacht werden kann. Als Regent „in Gottes Gnaden" war die Autorität bzw. Souveränität des Letzteren unanfechtbar gewesen. In der Neuzeit „rollt der Kopf des Königs", was bedeutet, dass seine Autorität nicht mehr durch den Bezug auf eine transzendente göttliche Ordnung gerechtfertigt werden kann. Die dadurch entstehende Verunsicherung zeigt sich nicht zuletzt darin, dass zum Beginn der Neuzeit die Möglichkeit einer sozialen Ordnung selbst in Frage gestellt wird. Die politische Theorie der Neuzeit beschäftigt sich eingehend mit der Frage, auf welche Weise eine soziale Ordnung überhaupt noch zustande kommen kann: Was rückt an den Platz, den vormals der König eingenommen hat? Wodurch lässt sich die Rechtfertigung einer solchen Autorität bewerkstelligen? Eines scheint gewiss: Sollte sich das Problem der Autorität nicht lösen lassen, ist ein soziales Chaos vorprogrammiert. Dazu einige Zeilen aus Thomas Hobbes' berühmter staatstheoretischer Schrift „Leviathan": „Es zeigt sich an dieser Stelle, dass, so lange Menschen ohne eine gemeinsame Macht leben, die sie alle in Bann hält, sie sich in dem Zustand befinden, den man Krieg nennt; und dabei handelt es sich um einen *Krieg aller Menschen gegen alle Menschen* [...] [Es gibt dann] keine Landwirtschaft, keine Seefahrt, keinen Gebrauch von Luxusgegenständen, die von außerhalb eingeführt werden müssen; keine bequemen Gebäude; keine Maschinen, mit denen sich größere Lasten bewegen lassen; kein Wissen über die Gestalt der Erde; keine Geschichtsschreibung; keine menschlichen Erfindungen; keine Wissenschaften; keine Gesellschaft, und was das schlimmste ist, fortwährende Angst und die Gefahr des gewaltsamen Todes; und das Leben des Menschen ist einsam, arm, elend, nicht besser als das eines Tieres und kurz" (Hobbes 1963: 143; Hervorh. A.S./C.T.). Ohne die strukturierende Kraft der Autorität ist der Mensch nach Hobbes nicht überlebensfähig, da, so könnte man mit Weber sagen, sozialen Beziehungen keine Bezugspunkte zur Verfügung stehen, von denen her sie sich strukturieren können. Mit dem Verlust von Kultur und Gesellschaft reduziert sich das menschliche Leben auf das bare Überleben. Um den Umgang mit dem Autoritätsproblem in der Moderne nachzuvollziehen, ist nochmals bei der Figur des vormodernen Souveräns anzusetzen.

In seinem Buch „Die zwei Körper des Königs" hat der Mediävist Ernst Kantorowicz die vormoderne politisch-theologische Herrschaftsfigur herausgearbeitet.[20] Im Zentrum steht die Titel gebende Formulierung, dass dem vormodernen Souverän *zwei* Körper eigneten. Da sei einerseits der menschliche natürliche Leib (*corpus verum*), der den König Teil der irdischen Welt sein lasse. Er ist ein Mensch wie andere auch. Andererseits eigne dem König ein „mystischer Körper" (*corpus mysticum*), der einen *Überstieg* der diesseitigen Ordnung impliziere. Der König sei nicht nur Delegierter Gottes, sondern „Himmelskönig selbst" (Kantorowicz 1990: 85). Im „mystischen Körper" des Königs ist die göttliche Grundlage seiner Souveränität selbst anwesend. Kantorowicz zeigt nun in seinem Buch, wie sich im juridischen Diskurs des Mittelalters diese Darstellungsfigur zu einer überindividuellen politischen Einheit wandelt, so dass das *corpus mysticum* für eine Darstellung der Autorität in der Neuzeit (politisch-theologisch) instrumentalisiert werden kann. Der „göttliche Grund" des Souveräns wird zunehmend zu einer Repräsentation einer mystifizierten Einheit des Sozialen und kann so schließlich vom Körper des Königs gelöst werden. Wieso ist das wichtig?

Durch das *corpus mysticum* werden nun fiktive Einheitsfiguren generierbar, die nicht die Einheit aller Teile, sondern als Einheit alle Teile umfassen. Ein Beispiel dafür ist das politische Gebilde des Volkes, das nicht die Einheit aller Individuen meint, sondern ihre Sammlung in einem politischen Körper. Das Volk als *corpus mysticum* wird der Vielgestaltigkeit des Sozialen und der damit verbundenen Auseinandersetzungen entgegenstellt. Es verkörpert die Einheit des Sozialen gegenüber dessen Zerstrittenheit – jene Einheit, die jedem Streit entzogen ist und deshalb den Grund dafür bildet, dass die sozialen Auseinandersetzungen die Ordnung nicht in ein Chaos verwandeln. Das *corpus mysticum* erhält demnach die Funktion der Instituierung des Sozialen und damit einhergehend von Autoritätsbeziehungen. Durch diese Instituierung gewinnt sich „die Gesellschaft" erst als solche: Sie setzt sich als „Volk" in Szene und gewinnt eine Repräsentation ihrer selbst. Das Volk wird zum politischen Einheitsgrund der „Gesellschaft", der als solcher in bestimmten Ritualen (wie etwa Wahlen) inszeniert werden muss. Ohne solche Inszenierungen würde die „Gesellschaft" sich nicht als Einheit verste-

---

[20] Kantorowicz führt eine umfassende Interpretation einer Miniatur des Aachener Liuthar-Evangeliars (975) durch, die möglicherweise Otto II. zeigt.

hen können und keine Grundlage hervorbringen können, die als „Souverän" die Auseinandersetzungen mit Autorität beenden könnte. In den Worten des politischen Philosophen Claude Lefort: „Die Formgebung [des Sozialen; A.S./C.T.] ist eine Sinngebung und zugleich eine Inszenierung" (Lefort 1990: 284).[21]

Der entscheidende Gedanke ist also, dass die Moderne sich eine theologische Figur zunutze macht, um eine Ordnung des Sozialen und damit ein Zentrum der Macht zu figurieren. Auch hier scheint sich die Darstellung einer gesellschaftlichen Ordnung auf eine Souveränität beziehen zu müssen, die „jenseits des Sozialen" liegt. Neu aber scheint zu sein, dass diese Souveränität nicht mehr als Stellvertretung einer göttlichen Macht auf Erden gedacht werden kann. Sie gewinnt fiktiven Charakter: Man muss sich eine Einheitsvorstellung (Volk, Nation o.ä.) machen, die die Rolle des Souveräns einnimmt, indem sie die Installierung ihrer politischen Stellvertretung ermöglicht: Die Souveränität von Regierungen beruht selbst auf dem Willen eines vorgestellten Souveräns. Allein aus der Immanenz des Sozialen heraus erweist es sich als unmöglich, dieses Zentrum der Macht zu besetzen. Der Rückgriff auf „das Volk" oder „den Wähler" als Souverän ist daher notwendig; aber zugleich bleibt er prekär, weil dieser vorgestellte Souverän sich (etwa im Gegensatz zu Gott) anders positionieren kann. Man wird ihm immer wieder Gelegenheit geben müssen, seinen Stellvertreter einsetzen zu können.

Die Antwort auf die Frage, was an die Stelle des Königs tritt, ist daher zweischneidig, da es keine Alternative gibt, aber eine Ersetzung. Aus diesem Grund ist von einem „leeren Zentrum der Macht" gesprochen worden, um dessen temporäre Schließung in den modernen Demokratien konkurriert wird. Regierungen besetzen dieses Zentrum der Macht stellvertretend für „den Wähler" immer nur auf Zeit und sie müssen immer bemüht sein zu zeigen, dass sie eben die Repräsentanten dieser Souveränität sind.

Insgesamt zeigt sich damit auch die politische Autorität als von ihrer Darstellung abhängig. Anders gesagt erfüllt sie ihre Funktion als Darstellung – und ohne den Schein, den die Einheitsfigur auf das Soziale wirft, würde dieses zerfallen. Die politische Souveränität repräsentiert im Namen einer Einheitsfiktion die Einheit der sozialen Unterschiede und ihre Autorität hängt nicht zuletzt davon ab, dass ihr diese Repräsentation gelingt. Autorität kann danach als eine *Fiktion* begriffen werden, welche für die Instituierung des Sozialen

---

[21] Und umgekehrt formuliert: Das Soziale ist auf Sinngebungen und Inszenierungen angewiesen, um überhaupt „Form anzunehmen", zu existieren.

konstitutiv ist. Vor diesem Hintergrund rücken die Figuren, Metaphern und Einheitsvorstellungen, in und mit denen Autorität dargestellt wird, in das Zentrum des Interesses.[22]

V. Zu den Beiträgen des Bandes

Die in diesem Band versammelten Beiträge nehmen ihren Ausgang von der Einsicht, dass es in der (radikalisierten) Moderne keinen Grund mehr gibt, der eine unhinterfragbare Autorität hervorbringen könnte. Es spielen unterschiedlichste Arten von Bedingungen eine Rolle, mit deren Anerkennung die Autorität steht und fällt. Daraus resultiert zum einen die Notwendigkeit, die Fragilität von Autorität herauszuarbeiten und begrifflich zu vermessen. Zum anderen sind die sich daraus ergebenden Konsequenzen zu diskutieren.

Die leitende These im Beitrag von *Rainer Paris* ist, dass die moderne Schule ihre Funktion nur durch eine spezifische *Autoritätsbalance* des Lehrers erfüllen könne, diese heute aber über weite Strecken verloren gegangen sei. Paris differenziert seine Analyse anhand der drei zuvor bereits genannten Autoritätstypen „Amtsautorität", der „Sachautorität" und „Charisma", um die Bedeutung von Autorität für die Reproduktion und Funktionsweise von sozialen Organisationen genauer betrachten zu können. Das allgemeine Machtfeld des Lehrers bringt Paris in erster Linie mit der Sachautorität zusammen, die das Komplement der pädagogischen Aufgabe der Wissensvermittlung darstellt. Ein charismatisches Auftreten des Lehrers erleichtert nach Paris diese Aufgabe und vermag auch wertmäßige Bindungen bei den Schülern zu erzeugen, während die Amtsmacht des Lehrers im Vergleich zu früher begrenzt erscheine. In jüngerer Zeit habe die Schule nun einen umfassenden Ansehensverlust erlitten, den Paris unter anderem am gestörten Verhältnis zwischen Lehrern und Schülern, an einem gebrochenen Verhältnis zur eigenen Berufsrolle als Lehrer oder auch am permanenten Reformbedarf der Schule aufzeigt. Hinzu kämen gesellschaftliche Wandlungsprozesse, die zusätzlich zu einer Erosion der Lehrerautorität beigetragen hätten. Von hier aus stellt Paris die Frage, ob und wie ein Gleichgewicht zwischen Führen und Herrschen im Unterricht geschaffen werden könne.

---

[22] Susanne Lüdemann fragt in ihrem Beitrag nach eben diesem Autoritätsverlust in der Moderne, der nicht mehr durch den Bezug auf eine transzendente Ordnung rückgängig gemacht werden kann, der zugleich die Frage nach fiktiven Konstruktionen der Autorität wachruft.

Auch *Werner Helsper* befasst sich in seinem Beitrag mit dem Verhältnis von Autorität und Schule. Den Ausgangspunkt bildet die These des *Autoritätsverlusts*, die weniger organisationstheoretisch als vielmehr vor dem Hintergrund kultureller Modernisierungsprozesse entwickelt wird. Besonderes Augenmerk erhalten dabei die pädagogischen Generationsbeziehungen, die – nach Helsper – in den letzten dreißig Jahren von einer stärkeren Reziprozität zwischen Jüngeren und Älteren geprägt sind. Dies ist konfliktträchtig für die pädagogische Lehrerautorität, die durch eine doppelte Form der Autoritätsanerkennung charakterisiert werden kann: die Anerkennung seitens der Schüler, eines Lehrers zu bedürfen, und die Anerkennung des Lehrers als Autorität. Beides hängt maßgeblich von seiner Sachautorität wie von der Fähigkeit ab, seine Führungskraft im schulischen Organisationsablauf zu personifizieren. Helsper spannt die pädagogische Lehrerautorität zwischen zwei Polen auf: die charismatische Lehrerautorität und die funktionsorientierte Sachautorität. Diese werden ihrerseits hinsichtlich der Weite ihres Anspruchs, Autorität zu sein, differenziert, um ein Schema zu gewinnen, mit dem sich konkret die Interaktionen und Beziehungen zwischen Lehrern und einzelnen Schülern analysieren und typisieren lassen.

Michael Wimmer nähert sich in seinem Beitrag dem Phänomen der Autorität über die möglichen Gründe, von denen ausgehend ein Autoritätsverhältnis als gerechtfertigt erscheinen könnte. Neben soziokulturellen Gründen (Wissen, Können, Erfahrung) werden anthropologische Gründe (wie z.B. Alter oder Geschlecht) genannt, die gegenüber den erstgenannten Gründen aufgrund ihres empirischen Vorliegens als kaum bezweifelbar erscheinen. Wimmer zeigt jedoch, dass beide Formen der Begründung in einen Abgrund führen: Weder erhält Autorität durch Wissen, Können etc. ein tragendes Fundament, da sie bezogen auf die Forderungen an die Autorität (z.B. die medizinische Diagnose) immer Lücken aufweisen, noch bringen natürliche Differenzen schon eine dezidierte Bedeutung mit. Die Grundlosigkeit der Autorität, die Wimmer mit Bezug auf Derrida erläutert, impliziere indes keineswegs die Nichtigkeit von Autorität. Die tägliche Diskussion um ein Für und Wider die Autorität wird laut Wimmer dort fragwürdig, wo deutlich wird, dass wir als sprechende Wesen immer auf Autorisierungen angewiesen sind, dass wir der Autorität der Sprache unterliegen. Von hier aus stellen sich die Fragen nach unserem Verhältnis zur Autorität und ihre Abgrenzung zu Herrschaft, Zwang und Gewalt neu. Bezug nehmend auf moderne und poststrukturalistische Diskurse entwickelt Wimmer die Autorität als Klammer von Zwang und Freiheit (z.B. in Kants

Erziehungsprojekt als Verbindung von Nötigung und freier Zustimmung). In der Einsicht, dass diese Klammer sich nicht harmonisch schließen lasse, liegt nach Wimmer die Chance einer Dekonstruktion der Autorität, einer kritischen Distanzierung, die von ihrer Verstrickung mit dem Kritisierten weiß.

Susanne Lüdemann beginnt ihren Beitrag über die Ambivalenz der Autorität in der Moderne mit verschiedenen Lesarten von Hans Christian Andersens Märchen „Des Kaisers neue Kleider". Während die einen das Märchen im Sinne der aufklärerischen Forderung verstehen, sich seines eigenen Verstandes zu bedienen, sich also von anderen nichts vormachen zu lassen, folgt eine alternative Lektüre dem Standpunkt der Betrüger im Märchen: Jegliche Autorität greife für ihre Inszenierung auf Fiktionen und Konstruktionen zurück, die brüchig seien und damit die Gefahr des Autoritätszerfalls enthielten. Anhand von Pierre Legendres Buch „Das Verbrechen des Gefreiten Lortie. Abhandlung über den Vater" rekonstruiert Lüdemann die moderne Krise der Autorität als Krise des Vateramtes. Gegenstand von Legendres Studie ist der Rechtsfall eines Amokläufers, der seine vom Gerichtspsychiater erklärte Unzurechnungsfähigkeit zum Zeitpunkt der Tat nicht akzeptieren will. Legendre plädiert in seinem Buch für eine Re-Institution der Autorität (im Amt des Vaters) in der Kultur, um eine Verwahrlosung der Referenz zu vermeiden, mit der seiner Ansicht nach auch die Konstitution eines verantwortlichen Subjekts steht oder fällt. Dieser Versuch, den Abgrund der Autorität abzuschirmen, ist nach Auffassung Lüdemanns zum Scheitern verurteilt. Aber es ist nicht nur unmöglich, dem Kaiser seine alten Kleider zurückzugeben; auch die Unterscheidung zwischen Betrug und entlarvender Wahrheit im Märchen von Andersen wird schwer zu treffen sein.

Literatur

Beck, U. (1986): Risikogesellschaft. Auf dem Weg in eine andere Moderne, Frankfurt/M.
Benner, D. (1993): „Vom Bildungssinn der Wissenschaften angesichts der Tatsache, daß die Aneignung von und der Umgang mit Wissenschaft nicht mehr ohne weiteres bilden." In: Gonon, Ph./Oelkers, J. (Hrsg.): Die Zukunft der öffentlichen Bildung. Frankfurt/M., 23-41.
Bourdieu, P. (2005): Was heisst Sprechen? Zur Ökonomie des sprachlichen Tausches. Wien.
Derrida, J. (1991): Gesetzeskraft. Der „mystische Grund der Autorität". Frankfurt/M.
Derrida, J. (2005): Préjuges. Vor dem Gesetz. Wien.

Fend, H. (2006): Neue Theorie der Schule. Einführung in das Verstehen von Bildungssystemen. Wiesbaden.
Foucault, M. (1987): Das Subjekt und die Macht. In: Jenseits von Strukturalismus und Hermeneutik. Hrsg. von Hubert Dreyfus und Paul Rabinow. Frankfurt/M., 243-261.
Giddens, A. (1996): Leben in einer posttraditionalen Gesellschaft. In: Beck, U./ Giddens, A./ Lash, S. (Hrsg.): Reflexive Modernisierung. Eine Kontroverse. Frankfurt/M.
Helmer, K./ Kemper, M. (2004): „Autorität". In Historisches Wörterbuch der Pädagogik. Hrsg. von Dietrich Benner und Jürgen Oelkers. Weinheim, 126-145.
Helsper, W. et. al. (2007): Autorität und Schule: Die empirische Rekonstruktion der Klassenlehrer-Schüler-Beziehung an Waldorfschulen. Wiesbaden.
Kant, I. (1963): Ausgewählte Schriften zur Pädagogik und ihrer Begründung. Paderborn.
Kant, I. (1994) Was ist Aufklärung? Aufsätze zur Geschichte und Philosophie. Göttingen.
Kantorowicz, E. (1990): Die zwei Körper des Königs. Eine Studie zur politischen Theologie des Mittelalters. München.
Lefort, C. (1990): Die Frage der Demokratie. In: Rödel, U. (Hg.): Autonome Gesellschaft und libertäre Demokratie. Frankfurt/M., 281-297.
Lefort, C. (1999): Fortdauer des Theologisch-Politischen? Wien.
Locke, J. (1986): Gedanken über Erziehung. Stuttgart.
Lüdemann, S. (2004): Metaphern der Gesellschaft. Studien zum soziologischen und politischen Imaginären. München.
Paris, R. (2002): Über die Schwierigkeit zu loben. Dilemmata pädagogischer Autorität heute. In: Brinek, G./Schirlbauer, A. (Hrsg.): Lob der Schule. Wien, 11-23.
Reichenbach, R. (2007): Kaschierte Dominanz – leichte Unterwerfung. In: Zeitschrift für Pädagogik 53, 651-659.
Rousseau, J.-J. (1995a): Emil oder Über die Erziehung. Stuttgart.
Rousseau, J.-J. (1995b): Abhandlung über die Wissenschaften und Künste. In: Schriften. Band 1. Frankfurt/M., 27-60.
Sennett, R. (2008): Autorität. Berlin.
Sofsky, W./ Paris, R. (1994): Figurationen sozialer Macht. Autorität, Stellvertretung, Koalition. Frankfurt/M.
Weber, M. (2008): Wirtschaft und Gesellschaft. Frankfurt/M.
Wimmer, M. (2006): Dekonstruktion und Erziehung. Studien zum Paradoxieproblem in der Pädagogik. Bielefeld.

Die Autoritätsbalance des Lehrers[1]

RAINER PARIS

Nichts bleibt, wie es ist. Das kann man, je nach Standpunkt, Interesse oder Gemütslage, begrüßen oder beklagen, an der unumstößlichen – gleichsam ultrastabilen – Tatsache der Fragilität aller sozialen Ordnung kommt niemand vorbei. Freilich kann der Wandel, der immer und ohnehin stattfindet, höchst unterschiedliche Formen und Intensitätsgrade annehmen: Das Spektrum reicht vom beinahe unbemerkten Hinübergleiten in einen anderen Aggregatzustand über bewusst eingeleitete Reformen größeren oder geringeren Zuschnitts bis zum plötzlichen, manchmal vollkommen unerwarteten Zusammenbruch ganzer institutioneller Systeme und Grundordnungen.

Je rascher und tiefgreifender die Veränderung, umso mehr stellt sich das Problem der Autorität. Autorität ist zunächst konservativ: Sie lebt gewissermaßen vom Fortbestehenwollen des Bestehenden; ja, sie *ist* eine seiner stärksten Beharrungskräfte. Andererseits vermag auch derjenige Autorität zu erringen, der eine überlebte, morsche und diskreditierte Ordnung stürzt und neue Ordnung schafft. Nicht nur die Verteidigung von Institutionen, sondern auch deren oftmals außerordentlich schmerzhafte Erneuerung bedarf der Autorität.

Die neuere Geschichte der Schule ist ein gutes Beispiel. So können die anhaltende Krise und unübersehbaren Turbulenzen des deutschen Bildungssystems in den letzten Jahrzehnten unter macht- und organisationssoziologischen Gesichtspunkten als ein mehrdimensionaler, sich aus verschiedenen Quellen speisender *kumulativer Prozess des Verfalls von Autorität* (und zugleich als mehr oder minder hilflose Versuche ihrer Restitution) beschrieben werden. Es scheint, als habe in dieser Zeit eine Entwicklung stattgefunden, die die traditionellen – organisatorischen *und* kulturellen – Fundamente der Institution weitgehend unterhöhlt und zum Teil fortgespült hat,

---

[1] Ich danke Lutz Rothermel und Dieter Masberg für wertvolle Hinweise und geduldige Unterstützung in den harten Zeiten des Schreibens.

ohne dass eine neue, tragfähige Grundlage, die den heutigen gesellschaftlichen Anforderungen gerecht würde, schon erreicht wäre. Die alte Normalität erscheint unwiderruflich zerstört, aber eine neue will sich partout nicht einstellen.

Im Folgenden wird versucht, einige Aspekte dieser Entwicklung unter autoritätstheoretischem Blickwinkel aufzuklären. Dabei gehe ich von der Leitthese aus, dass die „normale" Funktionsfähigkeit der Schule, die sich im Kern in gelingenden Unterrichtsprozessen und einer produktiven, d.h. gleichzeitig sach- und personenförderlichen Definition des Lehrer/Schüler-Verhältnisses manifestiert, in erster Linie durch eine spezifische Autoritätsbalance des Lehrers gekennzeichnet ist, in der formelle Positionsmacht, fachliches und didaktisches Sachwissen und bestimmte Anforderungen der persönlichen Statur gleichgewichtig austariert sind und in der Wahrnehmung aller Beteiligten zu einer unbefragten, kompakten Einheit verschmelzen. Und eben diese Balance scheint mir heute weithin verlorengegangen oder zumindest nachhaltig erschwert. Um diese Einschätzung zu begründen, sind zunächst einige grundlagentheoretische Klärungen nötig.

I. Elemente und Typen der Autorität[2]

Alle Autorität beruht auf Bejahung und Anerkennung, einer spezifischen Form von Akzeptanz. Nur wo jemand, sei es eine konkrete Person oder ein Positionsinhaber, allgemeine, d. h. in der Regel von vielen geteilte Achtung und Wertschätzung genießt, können wir von Autorität sprechen. Umgekehrt kann niemand für uns Autoritätsgeltung erlangen, den wir gering schätzen oder gar verachten. Ohne dieses Grundelement von ungezwungener, im Prinzip aus freien Stücken entgegengebrachter Achtung und Anerkennung gibt es keine Autorität.

Das, was geachtet wird, ist die Überlegenheit der Autorität und damit die Macht, die sie über uns ausübt. Autorität ist grundsätzlich anerkannte, geachtete Macht. Der Anerkennung einer fremden Überlegenheit entspricht die Selbstzuschreibung eigener Unterlegenheit; die Grundmerkmale des Autoritätsverhältnisses sind daher Asymmetrie und Distanz. Freilich wird keineswegs alle Macht als

---

[2] Die folgenden Ausführungen rekapitulieren einige frühere Arbeiten (Sofsky/Paris 1994; Paris 1998; Paris 2002) und spezifizieren die Argumentation im Hinblick auf die hier behandelte Fragestellung.

Autorität angesehen und akzeptiert: So wird ein „autoritäres", die formalen Machtbefugnisse betonendes Gebaren oftmals gerade als Mangel an Anerkanntheit und Souveränität, also als Defizit von Autorität interpretiert. Insofern sind Autoritäten normalerweise nicht autoritär: Weil sie anerkannt sind, können sie auf den Einsatz „grober" Machtmittel (Drohungen, Sanktionen) in der Regel verzichten und die Fügsamkeit der Unterlegenen durch den subtilen Gebrauch von Lob und Tadel, also das Geben und Nehmen von Anerkennungen steuern. „Wir wollen von denen, die wir besonders anerkennen, besonders anerkannt werden" (Popitz 1992, S. 115). Eines der wichtigsten Motive der Anerkennung einer Person als Autorität ist die Anerkennungsbedürftigkeit der Unterlegenen selber.

Hinzu kommt die Abhängigkeit von Leistungen, die die Autorität erbringt und die gleichzeitig die Grundlage ihres Prestiges darstellen. Dies gilt in erster Linie für das Gewähren von Schutz und Sicherheit. Die Autorität aktiviert den „Ordnungswert" der Macht (Popitz 1992, S. 224), sie schafft, reproduziert und verteidigt Ordnung und bannt damit die Schrecken der Anomie. Die Ordnung der Autorität ist eine Ordnung, in der man sich einrichten und es sich vor allem *bequem* machen kann. Sie ermöglicht die Herausbildung von Gewohnheiten, die die Erledigung von Alltagsaufgaben durch Übungsgewinne und Kraftersparnis erleichtern, und installiert Regeln, die das Verhalten anderer erwart- und berechenbar machen und uns so von beschwerlichen Orientierungsproblemen entlasten. Wir vertrauen der Autorität, weil sie uns einen stabilen Handlungsrahmen garantiert, der unserem Alltag Struktur und Sicherheit gibt.

Trotzdem geht die Achtung und Ehrerbietung, die der Autorität entgegengebracht wird, in der Anerkennung ihrer Ordnungsfunktion nicht auf. Konstitutiv für die Autoritätsgeltung ist vielmehr, dass die so geschaffene Ordnung gleichzeitig eine *Wertordnung* ist, dass die Autorität also Werte repräsentiert, die man ausdrücklich bejaht und denen man auch selbst zustrebt. Erst diese Legierung von Ordnung und Wertordnung begründet den Nimbus der Autorität als einer über alle persönliche Kontingenz hinausgehobenen „objektiven Instanz" (vgl. Simmel 1983, S. 102f.). Sie ist in den Augen ihrer Anhänger gewissermaßen eine überpersönliche Persönlichkeit, eine Verkörperung all jener Werte und Tugenden, an denen sie sich auch selbst orientieren und die sie im Vorbild der Autorität verwirklicht sehen.

Es ist dieses Vorbild/Nachbildungsverhältnis, das der intakten Autorität unbefragte Legitimität sichert und sie zunächst gegen jede Kritik immunisiert. Dies kann sich jedoch über Nacht ändern. Anerkennung ist eine unsichere und fragile Ressource, die jederzeit entzogen werden kann. Mit der asymmetrischen Struktur des Autoritätsverhältnisses sind Auseinandersetzungen programmiert. Dabei nehmen Autoritätskonflikte oft den Charakter antiautoritärer „Ablehnungsbindungen" (Sennett 1985, S. 34f.) an: Die fraglose, mit dem Verzicht auf Selbständigkeit bezahlte Anerkennung der Autorität weicht einer abrupten, nicht selten überentschiedenen Ablehnung all dessen, was sie repräsentiert. Und häufig wird der Streit durch die repressiven Reaktionen der Autorität auf solche „Undankbarkeit" noch verschärft. Das Ergebnis ist oftmals eine kaum mehr zu stoppende Spirale des Autoritätsverlusts: Weil sie sich nur noch mit dem direkten Einsatz der Peitsche, also mit „bloßer Macht" zu behaupten vermag, schwindet die Anerkennung der Autorität rapide und verringert damit zugleich ihre Chance, das Verhalten der Unterlegenen durch Zustimmung oder Ablehnung zu regulieren und ihr Anerkennungsstreben in Fügsamkeit zu verwandeln.

Allerdings muss nicht jedes Durchgreifen der Autorität – und hier zeigt sich bereits das Problem der Gratwanderung! – automatisch einen dramatischen Achtungs- und Ansehensverlust nach sich ziehen. Im Gegenteil: Wenn alle Beteiligten davon ausgehen, dass die harsche Sanktion der Autorität nicht einfach nur ihrem Eigennutz und persönlichen Machtbedürfnissen dient, sondern im Interesse der durch sie repräsentierten Ordnung und Wertordnung unerlässlich ist, so vermag eine solche Aktion die Intensität der Autoritätszuschreibung sogar noch zu steigern. Denn auch der Verzicht auf den Einsatz der verfügbaren Machtmittel kann die Anerkennung mindern und am Ende vollends ruinieren. Autorität ist nicht, wer um jeden Preis Frieden hält und versucht, Konflikte so weit wie möglich zu vermeiden, sondern wer sie – wenn nötig auch mit hohem Risiko – austrägt und den als legitim angesehenen Prinzipien der Ordnung entschlossen Geltung verschafft.

Fragt man nun genauer nach der Reproduktion und Funktionsweise von Organisationen, so lassen sich grundsätzlich drei Dimensionen der Autoritätsanerkennung unterscheiden. Da ist zum ersten die *Amtsautorität* des Positionsinhabers, also die generalisierte Anerkennung der formalen Machtbefugnisse, die mit einer übergeordneten Stellung in einer Institution verbunden sind. Man gehorcht dem Vorgesetzten selbstverständlich und routinemäßig, eben weil er der Vorgesetze ist, und akzeptiert damit gleichzeitig die eigene positionale Unterlegenheit. Dabei steht der Inhaber *eines* Amtes immer schon für die funktional ausdifferenzierte Verflechtung der Ämter, die Institution als ganze. Insofern erstreckt sich die Anerkennung der Amtsautorität über den einzelnen Positionsinhaber hinaus stets auf den gesamten Rahmen des Regelsystems, die institutionellen Strukturen und operationellen Ablaufmuster der Organisation. Die Respektierung der Amtsautorität ist somit die indirekte Anerkennung der prägenden Kraft der Institution, in die wir uns jeden Tag erneut einpassen und die wir auf diese Weise in unserem Handeln reproduzieren.

Wichtig ist, dass die Amtsautorität im Organisationsalltag normalerweise *kein* Thema ist. Sie wird von allen Beteiligten als Hintergrundbedingung vorausgesetzt und bedarf, außer bei besonderen Ritualen der Amtseinsetzung oder des Ausscheidens, keiner ausdrücklichen Bestätigung. Wo man sich explizit auf sie berufen oder sie gar einklagen muss, ist sie bereits brüchig. Denn sie ist ja letztlich nichts anderes als das generalisierte Vertrauen in die Geltung der konstitutiven und regulativen Regeln, die die Organisation als Funktionssystem zusammenhalten und in die gleichzeitig unsere Gewohnheiten eingehakt sind.

Amtsautorität hat jemand nur solange, wie er das Amt besitzt. Sie ist primär das Ansehen des Amtes und der Institution, nicht der Person des jeweiligen Amtsinhabers. Obschon (worauf noch zurückzukommen ist) empirisch keineswegs persönlichkeitsindifferent, beruht die Geltung der Amtsautorität grundsätzlich auf dem Prinzip der Austauschbarkeit der Positionsinhaber, also der Trennung von Amt und Person. Dies ist beim zweiten Autoritätstypus, der Sachautorität, anders. Hier bezieht sich die Autoritätszuschreibung auf die Anerkennung eines überlegenen Sachwissens und benachbarter Talente, etwa des Organisierens, und damit auf Eigenschaften und Fähigkeiten einer konkreten Person. Jemand ist für mich Sachautorität, wenn er etwas weiß und kann, was ich selber nicht kann, aber brauche. Ich achte ihn als kompetenten und versierten Fachmann, als Experte auf einem bestimmten Gebiet, der spezielle Probleme und Aufgaben zu lösen vermag, die für mich bedeutsam sind und gleichzeitig meine eigenen Fähigkeiten übersteigen.

Allerdings hat die Wissensüberlegenheit auch ihre Tücken. So erfolgt die Zuschreibung von Sachautorität gewissermaßen immer nur auf Kredit, d. h. man unterstellt die fachliche Kompetenz des anderen nur solange, wie sie sich in unmittelbaren Problemlösungen bewährt. Er muss sich stets erneut als Fachmann beweisen, um als Sachautorität anerkannt zu bleiben. Häufen sich hingegen unübersehbare Fehler und Misserfolge, so wird das Vertrauen rasch entzogen. Darüber hinaus wird der Wissensabstand durch den Gebrauch und die Vermittlung von Wissen systematisch verringert: Wo einer

Wissen demonstriert, gibt er es ja gleichzeitig aus der Hand und verwandelt die ursprüngliche Asymmetrie tendenziell in symmetrische Gleichheit. Dies ist ein grundlegender Unterschied zur Amtsautorität, die durch ihren gewohnheitsmäßigen Gebrauch nicht gemindert, sondern sogar unterstrichen wird. Sachautorität, die sich durch Wissen behauptet und es auf diese Weise immer auch ihrer Exklusivität beraubt, ebnet demgegenüber die Überlegenheit auf lange Sicht ein und bedarf somit der ständigen Aufstockung, um die Wissensdistanz aufrechtzuerhalten.

Bleibt als dritter Autoritätstyp das Charisma, die persönliche Autorität im engeren Sinne. Hier sind der Vorbildcharakter und die Wertrepräsentanz der Autorität am stärksten ausgeprägt. Man folgt und gehorcht der Autorität, weil man sie als Person bewundert, weil sie Dinge vollbringt, die man bisher für unmöglich gehalten hatte, und einen auch selbst zu Taten und Leistungen anspornt, die man sich zuvor nicht zugetraut hatte (vgl. Turner 1995). Dabei ist die Bedeutung des Charisma in formalen Organisationen zumeist auf seine gemäßigte, gleichsam bürokratisch gebändigte Variante eingeschränkt: Die starke Führung und Strahlkraft der Persönlichkeit darf die eingeschliffenen Funktionsroutinen der Organisation nicht gefährden. Dies gilt besonders für das Risiko der Polarisierung. Indem das Charisma ein strikt persönliches Führungs/Gefolgschaftsverhältnis installiert und Belegschaften oder Kollegien häufig in Anhänger oder Gegner aufspaltet, erhöht es nicht selten das interne Konfliktniveau und birgt dabei vor allem die Gefahr, dass sich der stets notwendige Sachstreit in emotional aufgeladene Rivalität oder gar Feindschaft verwandelt.

Dennoch ist die Bedeutung der Persönlichkeit, ihrer individuellen Ausstrahlung und Stärke, auch in bürokratisierten Organisationsabläufen nicht zu unterschätzen. Auch moderne Arbeitsorganisationen funktionieren weithin als Höfe, in denen persönliche Loyalitäten und informelle Gruppenbildungen über Aufstieg und Erfolg entscheiden und die sachlichen Kooperationen durch interpersonelle Zuschreibungen und Beziehungsmuster überformt sind. Außerdem werden in der Wahrnehmung der Organisationsmitglieder Amt und Person stets zusammengedacht, wird vom Inhaber einer herausgehobenen Position typischerweise zugleich eine bestimmte persönliche Statur gefordert, um das Amt „bekleiden" zu können. Unterschreitet er dieses Niveau, schwinden seine Chancen, bei seinen Mitarbeitern fraglosen Gehorsam zu finden, rapide. Umgekehrt kann ein Positionsinhaber, dessen persönliches Ansehen die Höhe seiner Position überragt, die ihm Unterstellten mitunter zu Leistungen und Anstrengungen motivieren, die das Maß des formal Geforderten und Erwartbaren weit übersteigen.

Hier zeigt sich, dass die unterschiedenen Typen der Autorität im Alltag von Organisationen empirisch immer schon verzahnt und aufeinander verwiesen sind. Im Bild der Autorität sind die Elemente der Amtsinhaberschaft, ihres fachlichen Könnens und der besonderen Qualitäten ihrer Person von vornherein verschmolzen und werden in den normalen Interaktionsroutinen gerade nicht separiert. Andererseits ist ein gewisses Spannungsverhältnis und latentes Konfliktpotenzial zwischen den Autoritätstypen unverkennbar: So kann eine charismatische Autorität ihren Ruf mitunter dadurch erhöhen, dass sie, wenn es die Sache erfordert, im Einzelfall die bürokratischen Regeln bricht, die die Grundlage der Amtsautorität darstellen.

Konfliktträchtig sind somit vor allem Konstellationen, in denen die verschiedenen Autoritätsquellen sich nicht mehr wechselseitig ergänzen und zu *einem* Strom der Anerkennung zusammenfließen. Stattdessen werden die Wahrnehmung und die affektive Einfärbung der Verhältnisse durch eine grundlegende Heterogenität, ein Auseinanderdriften der unterschiedlichen Dimensionen von Achtung und Wertschätzung bestimmt. So kann ich beispielsweise trotz grundsätzlicher Anerkennung der Institution dem einzelnen Positionsinhaber die geforderte Sachautorität oder eine entsprechende Minimalstatur absprechen oder umgekehrt seinen persönlichen Einsatz und sein Engagement auch dort schätzen und anerkennen, wo die Identifikation mit der Organisation längst zerbrochen ist.

Und dies kompliziert sich noch einmal, wenn wir die elementare Tatsache der *Gradualität* aller Anerkennung berücksichtigen. Gewiss gibt es die mentale Wasserscheide von Achtung und Nichtachtung, Wertschätzung oder Verwerfung, Bejahung oder Ablehnung. Trotzdem können die Übergänge nicht nur durch allerlei subkutane, uns selbst oftmals kaum bewusste Mischungsverhältnisse und Koexistenzen vorbereitet sein; auch jenseits der Scheidelinie gibt es empirisch ja immer nur ein Mehr oder Weniger, eine Abstufung der Intensität und darüber hinaus ein ständiges Oszillieren der Prozesse der Anerkennung, deren Dynamik somit niemals stillgestellt ist. Kurzum: Die Zuschreibung von Autorität ist unabhängig davon, worauf sie sich im einzelnen bezieht, stets schwankend und fragil, sie kann gesteigert oder zurückgenommen, stabilisiert oder ausgezehrt werden, und es sind keineswegs nur das Handeln und die Beziehungen der unmittelbar Beteiligten, sondern ebenso die Prägekraft der äußeren Umstände und des umfassenden, freilich selbst als Akteursfiguration aufzufassenden Gesellschaftskontextes, die den Ausgang der Geschichte bestimmen.

II. Das Machtfeld des Lehrers

Überträgt man nun diese organisationssoziologischen Konzepte auf die Institutions- und Situationsanalyse schulischer Bildungsprozesse, so ergibt sich für das Mischungsverhältnis der Lehrerautorität allgemein folgendes Bild.

Das Ansehen des Lehrers ist das Ansehen der Schule. Die Autorität seiner Stellung als Lehrer ist eine unmittelbare Auswirkung und Konsequenz der größeren oder geringeren Wertschätzung der Institution Schule insgesamt. Dabei ist die generalisierte, fraglos vorausgesetzte Respektierung der schulischen *Machtverhältnisse*, insbesondere des Positionsgefälles von Lehrern und Schülern und der formalen Sanktionsbefugnisse des Lehrers, zentral. Lehrer zu sein, heißt nicht nur zu unterrichten; es bedeutet immer auch in einem elementaren Sinne, den Schülern Leistungen abzuverlangen und diese zu bewerten. Einen Lehrer als Lehrer, also dessen Amtsautorität anzuerkennen, heißt daher, ihm unabhängig von seiner Person aus innerem Einverständnis das Recht und die Pflicht zuzusprechen, in eben diesem fordernden und bewertenden Sinne gegenüber den Schülern tätig zu werden.

Die Anerkennung des Lehrers ist indirekt das selbstverständliche Akzeptieren des geschichtlich gewachsenen Funktions- und Rollensystems Schule. Ohne dass wir es uns klarmachen, speist sich unser Alltagswissen von dem, was ein Lehrer ist, auch aus der schieren Dauer und Objektivität der Institution, also dem Umstand, dass die Schule spätestens seit Einführung der allgemeinen Schulpflicht zum unverzichtbaren Institutionengefüge und Inventar moderner Gesellschaften gehört. Sie ist als Grundtatsache des gesellschaftlichen Lebens und jeder Biographie gar nicht mehr wegzudenken. Nicht die Anerkennung der Schule als solcher, sondern einer bestimmten Schule oder Schulform steht heute zur Diskussion. Weil jeder von uns einen prägenden Teil seines Lebens in der Schule verbracht hat, ist es uns schlechthin unmöglich, *keine* Vorstellung von einem sinnvollen Funktionieren von Schule und Unterricht zu haben.

Ein weiteres Grundelement der Institution ist die Zertifizierung des Wissens und der erbrachten Leistungen. Die Anerkennung der Schule verlängert sich im Wert der ausgestellten Zeugnisse. Indem der Lehrer Leistungen abverlangt und nach einem standardisierten

System benotet, ermöglicht er Schülern, Eltern und anderen Organisationen einen generalisierten Leistungsvergleich. Zugleich erhöhen oder verringern die vergebenen Noten die Zugangschancen der Schüler zu weiterführenden Ausbildungsinstitutionen oder beruflichen Karrierekanälen und wirken so als soziale Selektionsmechanismen. Mit anderen Worten: Die Benotungspraxis des Lehrers ist, im Bewusstsein aller Beteiligten, außerordentlich folgenreich. Wesentlich für die Wahrnehmung der Machtfunktion des Lehrers ist daher vor allem der Umstand, dass er in seinen dokumentierten Bewertungen gleichzeitig über Lebenschancen und biographische Weichenstellungen entscheidet, die später nur mit großem Aufwand revidiert werden können.

Der Kern der Amtsautorität des Lehrers besteht mithin in seinem Recht und der Pflicht zur Benotung, also der institutionell übertragenen Definitionsmacht, die er in der Bewertung von Leistungen und Lernfortschritten der Schüler ausübt. Und hierin liegen gleichzeitig die zentralen *Sanktionschancen*, die ihm für die Maßregelung abweichenden Verhaltens in der heutigen Schule zur Verfügung stehen: Nachdem die körperliche Züchtigung endgültig abgeschafft und tabuisiert ist, kann er im Alltag des Unterrichts neben verbalen Ermahnungen und Zurechtweisungen im Grunde immer nur mit schlechten Noten oder dem Infragestellen der Versetzung drohen. Sicher gibt es in stärkeren Fällen zusätzlich die Möglichkeit eines offiziellen Eintrags ins Klassenbuch, der Benachrichtigung der Eltern oder bei Dauerstörung des Ausschlusses vom Unterricht, der bis zum endgültigen Schulverweis reichen kann. Dennoch erscheint oftmals zweifelhaft, ob die Aufrechterhaltung der schulischen Ordnung, die Selbstverständlichkeit ihres Funktionierens, auf diese Weise sichergestellt werden kann. Obwohl die Institution nach wie vor ein gestaffeltes Instrumentarium sozialer Kontrolle bereithält, sind die formale Amtsmacht und Machtfülle des Lehrers im Verhältnis zu früheren Zeiten heute stark eingeschränkt und vor allem in ihrer fraglosen Anerkennung unterminiert.

Etwas weniger problematisch stellt sich die Situation bei der zweiten Autoritätsgrundlage, der Sachautorität dar. Diese gründet ja in dem überlegenen, durch langjährige Ausbildung erworbenen Fachwissen, das der Lehrer im Unterricht anwendet und weitergibt. Wenn er also ein bestimmtes Fach unterrichtet, wird die generelle Zuschreibung, dass er dafür auch entsprechend qualifiziert sei, normalerweise nicht in Zweifel gezogen. Trotzdem kommt er nicht umhin, seine Sattelfestigkeit und Versiertheit im Fach, etwa durch die Art der Wissensvermittlung oder in der originellen Aufbereitung des Stoffs, subtil zu demonstrieren. Obwohl der Wissensabstand grundsätzlich nicht zur Debatte steht, entwickeln Schüler oftmals ein feines Gespür für die Frage, ob ein Lehrer in seinem Fach „zu Hause" ist oder nicht. Und es ist eben diese Grundeinschätzung, die die weiteren Anerkennungsprozesse kanalisiert und letztlich über die Bereitschaft entscheidet, im Lehrer ein fachliches Vorbild zu sehen und seinen Wissensvorsprung zum Ansporn eigenen Lernens zu machen.

Bei der Inszenierung der Sachautorität lassen sich grundsätzlich zwei – entgegengesetzte – Strategien unterscheiden. Im ersten Fall wird die Wissensüberlegenheit des einen vorzugsweise in der Weise herausgekehrt, dass dem anderen gerade sein Nichtwissen und Unvermögen umso deutlicher vor Augen geführt wird: Die Kompetenz des einen ist die Inkompetenz des anderen. Bei der zweiten, sozusagen „fördernden" Variante beschränkt sich die Sachautorität hingegen darauf, lediglich einen bestimmten Wissensabstand und Wissensunterschied zu konstruieren, also auch das Wissen des Unterlegenen als solches zu respektieren und aufzunehmen. Während die erste Methode auf Angst und Schrecken als Gehorsamsmotive setzt (weil der andere alles und ich selber nichts weiß), referiert die zweite auf das Bedürfnis der Selbstanerkennung des Unterlegenen, wobei die Intensität der Autoritätszuschreibung zusätzlich dadurch erhöht wird, dass der andere es sich offenbar leisten kann, in der Demonstration eigenen Wissens auf jeden Einschüchterungsgestus zu verzichten.

Hier zeigt sich, dass die Sachautorität eines Lehrers keineswegs nur an der Größe und dem Ausmaß des Fachwissens festgemacht wird. Wesentlich ist vor allem das didaktische Geschick, mit dem er das Wissen vermittelt. Er muss seine fachliche Kompetenz durch das Bemühen ergänzen, die Schüler im Unterricht zu erreichen und für das Fach zu interessieren. Dabei geht es häufig nicht so sehr darum, die Schüler zu motivieren, sondern umgekehrt darum, Demotivierungsprozesse zu verhindern. Jemanden motivieren zu wollen, unterstellt ja, dass er nicht von sich aus motiviert sei. Wo aber statt dessen an eine natürliche Neugier und einen zumindest diffus vorhandenen Wissensdurst angeknüpft werden kann, ist nicht das Erwecken, sondern das Erlahmen von Aufmerksamkeit das Problem.

Die Weitergabe von Wissen und das Organisieren von Lernen sind bekanntlich außerordentlich vielschichtige Prozesse. Um als Sachautorität respektiert und anerkannt zu werden, bedarf es für den Lehrer einer spezifischen Mischung von Fachwissen und persönlichem Präsentations- und Vermittlungsgeschick, die vor allem ein

Talent ist und die man sich meines Erachtens nur begrenzt durch didaktisches Training aneignen kann. Unterrichten erfordert immer auch ein Gespür für Stimmungen und Situationen, die rasch umschlagen können und für deren Lösung es keine allgemein anwendbaren Rezepte gibt. Dennoch ist ein gelingender Austausch sicher nicht unabhängig von der fachlichen Identität, die der Lehrer in den Unterricht einbringt. Wir können andere nur für das interessieren, wofür wir uns selbst interessieren und was uns inhaltlich umtreibt. Es ist so vor allem die Verankerung in der Sache, die Leidenschaft für das Fach, die den Lehrer befähigt, seinen Unterricht so zu gestalten, dass der Funke auf die Schüler überspringt. Beides muss zusammenkommen: Funken *und* Entflammbarkeit. Funken ohne Entflammbarkeit sind Perlen vor Säue, Entflammbarkeit ohne Funken mündet in Ödnis und Lethargie. Und wo es schließlich weder Funken noch Entflammbarkeit gibt, geht man am besten nach Hause.

Die fachliche Souveränität des Lehrers zeigt sich besonders in der kreativen Aufbereitung des Stoffes. Diese kann allerdings je nach spezifischem Gegenstand oder Unterrichtsinhalt höchst unterschiedliche Anforderungen an ihn stellen. Hierzu könnte man analog zum technischen Erfolg von Werkmeistern (vgl. Durand/Touraine 1979) vielleicht folgende Leitlinie aufstellen: Ist der Stoff überkomplex, kognitiv möglicherweise zu anspruchsvoll und schwierig, so muss ihn der Lehrer vereinfachen, ihn gewissermaßen verlangweilen und dadurch für die Schüler rezipierbar machen. Ist er hingegen relativ einfach, langweilig und wenig inspirierend, so muss er ihn umgekehrt durch zusätzliche Herausforderungen verkomplizieren, um so das eigentlich Uninteressante interessant zu machen. Kurzum: Er muss die Gefahren und Defizite der Sache durch eigene Anstrengungen kompensieren und darf die vorgegebenen Relevanzen des Stoffes in seiner didaktischen Präsentation gerade nicht verlängern – eine pädagogisch sehr anspruchsvolle Aufgabe.

Ist ein Lehrer als Sachautorität etabliert, so eröffnet ihm dies neue Möglichkeiten, das Lern- und Leistungsverhalten der Schüler durch positive Anreize, also durch Belohnung und Belobigung, wirksam zu steuern. Er gewinnt Gratifikationsmacht, die über die stets notwendigen kleinen Ermunterungen und Würdigungen schulischer Leistungen weit hinausgehen kann. Eine gute Bewertung oder gar ein *coram publico* ausgesprochenes Lob von jemandem, der in seiner fachlichen Qualität und Reputation allseits anerkannt ist, zählen doppelt und dreifach. Freilich darf die Autorität vom Mittel der besonderen Hervorhebung und Auszeichnung einzelner Leistungen nur sehr überlegt und dosiert Gebrauch machen: Jede Inflationierung des Lobs schadet und führt über kurz oder lang zu seiner Entwertung. Die besonders qualifizierte Wertschätzung muss der besonderen Leistung und außergewöhnlichen Anstrengung vorbehalten bleiben und kann so die alltäglichen standardisierten Bewertungsroutinen keinesfalls ersetzen.

Eng verbunden mit der fachlichen Anerkennung des Lehrers sind auch die ihm entgegengebrachte Achtung und sein Ansehen als Person. Oder auch umgekehrt: Wo wir es mit einer starken Persönlichkeit zu tun haben, neigen wir dazu, ihr von vornherein all jene Sachkompetenzen und Qualifikationen zuzuschreiben, die für die Ausübung ihrer Funktion erforderlich sind. Vertrauen ist zuallererst eine interpersonelle Qualität, eine spontane Bereitschaft des Anerkennens und Folgens. Wir schließen uns jemandem an, dem wir in einem gegebenen Wertspektrum bestimmte außergewöhnliche, uns selbst und andere überragende Eigenschaften und Fähigkeiten attestieren und den wir uns deshalb zum Vorbild nehmen. Dabei entwickelt sich oftmals eine Art Sog der Gefolgschaft, in dem auch sachliche Orientierungen und Weichenstellungen kaum mehr rational überprüft, sondern in Fortsetzung der persönlichen Loyalität einfach verlängert werden: Wir finden das gut, was diejenigen gut finden, die wir gut finden. Auf diese Weise können charismatische Lehrer oder ältere, bewunderte Mitschüler manchmal geradezu biographische Bedeutung gewinnen. Man verortet sich selbst im Horizont der Person, die man über alles schätzt und der man unbedingt nachzueifern sucht.

Wichtig sind auch die durch eine starke Persönlichkeit initiierten und vermittelten Gruppenprozesse. Charisma stiftet Gemeinschaft. Aus einer Vielzahl heterogener Einzelner bildet sich eine verschworene Anhängerschaft, in der sich alle gegenseitig unterstützen und in ihrem Leistungswillen bestärken. Nicht die Gruppe kürt eine Autorität, sondern die Autorität schafft selbst erst die Gruppe und ihren Zusammenhalt. Gleichwohl kann es unter Umständen angezeigt sein, dass die Autorität die ihr gegenüberstehende Gruppe im Interesse einer Einbeziehung der Außenseiter individualisiert und einer allzu kompakten Gruppenbildung gegensteuert. Doch wie immer der Lehrer auf die unterschiedlichen Ausgangslagen, Bedürfnisse und Erwartungen der Schüler reagiert, in jedem Fall ist es stets eine Frage der persönlichen Anerkanntheit und Statur, in welchem Maße er die Möglichkeit hat, das Lern- und Leistungsverhalten der Schüler durch subtile persönliche Aufmerksamkeiten und Anerkennungen zu steuern und damit gleichzeitig seinen Ordnungsentwurf des Unterrichts durchzusetzen.

An dieser Stelle wird deutlich, dass das Machtfeld des Lehrers nur zum Teil durch die ihm zur Verfügung stehenden Ressourcen – Amtsmacht, Sachwissen, persönliche Statur – charakterisiert und bestimmt ist. Stattdessen gewinnen diese Machtmittel ihre konkrete Bedeutung und Reichweite immer nur im Kontext einer komplexen *Figuration*, in die sein Handeln eingebettet ist und in der es von verschiedenen Bezugsgruppen kontinuierlich bewertet wird. So können die Anerkennungsströme und -intensitäten zwischen einzelnen Schülern und Schülerfraktionen, Lehrerkollegen, Direktor und Schulbehörde und unterschiedlich ausgerichteten Gruppen der Elternschaft ja erheblich differieren oder sogar diametral entgegengesetzt sein. Was der eine schätzt, erbost den anderen und lässt einen Dritten gleichgültig. Entsprechend vielfältig und variabel sind daher die für die spezifische „lokale Ordnung" (Friedberg 1995) bestimmenden individuellen oder kollektiven Strategien der Selbstbehauptung und die damit verbundenen Koalitionsmöglichkeiten. Nicht nur, was er ist und kann, sondern auch, wer ihn als Verbündeter stützt oder fallen lässt und unter welchen Rahmenbedingungen er agiert, ist für die konkreten Handlungschancen des Lehrers entscheidend. Die Zuschreibung oder Aberkennung von Autorität ist somit nur *ein* Element in einem sich ständig verändernden dynamischen Beziehungsgeflecht, in dem die Ressourcen und Trümpfe der Akteure sich immer wieder verschieben und die Karten im Machtspiel stets neu gemischt werden.

III. Limitierungen und Korrosionen

Allgemein gilt: Autorität ist immer fragil. Achtung und Anerkennung können wachsen oder schwinden, Vertrauen wird in der Regel langsam aufgebaut und kann unter Umständen auf einen Schlag vernichtet werden. Und ist es erst einmal zerstört, so ist es meist nur mit großen Anstrengungen zu restituieren. An die Stelle eines generalisierten Basisvertrauens in die Rationalität und Verlässlichkeit von Institutionen, die Kompetenz ihrer Funktionsträger und ihre Integrität als Person tritt eine Ausgangsdisposition von pessimistischem Fatalismus, von argwöhnischem Belauern und Misstrauen, die die Wahrnehmung aller Akteure aggressiv einfärbt und die Handlungsmöglichkeiten der Verantwortlichen weiter verringert. Wo die Normalität einer Ordnung für die Individuen grundsätzlich aus den Fugen geraten scheint und ihre Kontingenzerfahrungen und Orientierungsprobleme ein bestimmtes Maß übersteigen, schwinden die Aussichten auf eine Selbsterneuerung des Systems rapide.

Vom Ausmaß und der Begrenztheit der Lehrermacht war bereits die Rede. Ebenso wie in anderen Erziehungskontexten ist im institutionellen Arrangement der Schule die fundamentale Asymmetrie von Educans und Educandus, also das in komplementären Rollen fixierte Status- und Machtgefälle von Lehrern und Schülern vorausgesetzt. Dabei liegt der Machtkern der Lehrerrolle in der autorisierten Abforderungs- und Beurteilungskompetenz von Leistungen, die die Schüler in den verschiedenen Fächern zu erbringen haben und an denen ihre individuellen Lernfortschritte gemessen werden. Ohne dieses Recht und die Pflicht, den Schülern bestimmte Leistungen abzuverlangen und diese in irgendeiner Weise (im Regelfall: nach einem standardisierten Notensystem) zu bewerten, können wir nicht von Schule und Unterricht sprechen. Alle schulische Wissensvermittlung erfolgt somit in einem vorgegebenen Rahmen von Motivierung und Disziplinierung durch Bewertung.

Hinzu kommt die Verantwortung des Lehrers für die Ordnung der Situation. Um überhaupt unterrichten und kompetent Wissen weitergeben zu können, muss er eine gewisse Normalität der Klassensituation herstellen und aufrechterhalten, also ein gedeihliches Lern- und Unterrichtsklima schaffen, das freilich rasch umkippen kann und durch allerlei Störungen gefährdet ist. Fragt man nach den mit seiner Position verbundenen Drohpotenzialen und Sanktionschancen, mit denen er auf abweichendes Verhalten einzelner oder mehrerer Schüler reagieren kann, so kann er neben verbalen Appellen oder Missbilligungen und anderen situativen Techniken der Disziplinierung (auf die noch zurückzukommen ist) vor allem mit dem – meist lediglich angedeuteten – negativen Ausschöpfen seines Ermessensspielraums der Notengebung, der offiziellen Benachrichtigung der Eltern (blauer Brief), der Anzeige beim Direktor oder als vorläufig letztem Mittel dem aktuellen Hinauswurf aus dem Unterricht drohen. Allerdings steht und fällt die Wirksamkeit einer Drohung mit dem Abschreckungswert der in Aussicht gestellten Strafe. Es gibt nicht nur die leere Drohung, die am Ende nicht wahrgemacht wird, sondern auch die ins Leere laufende Drohung, die den Delinquenten gar nicht abschreckt (vgl. Paris/Sofsky 1987). Wem schlechte Noten egal sind, weil er sich längst damit abgefunden und alle Lernanstrengungen aufgegeben hat, ist mit der Aussicht eines Mangelhaft nicht zu beeindrucken; und ebenso wird jemand, der eigentlich sowieso lieber schwänzen würde, den Verweis aus dem Unterricht nicht unbedingt zum Anlass nehmen, seine Einstellungen zu Schule und Unterricht zu überprüfen.[3]

---

[3] Dennoch kann durch die Sanktion die Glaubwürdigkeit und die Abschreckungswirkung der Drohung für die anderen Schüler ausdrücklich erneuert und unter-

Auch die Drohung der Mitteilung an die Eltern ist heute oftmals ein stumpfes Schwert. Sie setzt nämlich eine Reaktion der Eltern voraus, die die schulischen Anforderungen an Leistung und Disziplin als grundsätzlich legitim erachtet und durch eigene Einflussnahme zu ergänzen versucht, um die Hindernisse des Lernens zu überwinden. Doch gerade dieses in früheren Zeiten selbstverständliche Bündnis von Lehrern und Eltern scheint heute weithin zerbrochen: Wenn schlechte Noten des Filius nicht mehr Ermahnungen, sondern Telefonate mit dem Anwalt zur Folge haben, um die Praxis der Notengebung rechtlich überprüfen zu lassen; wenn die eine Elternfraktion reflexartig angeblichen „Leistungsterror" der Schule beschwört und eine andere Gruppe von Eltern umgekehrt pädagogische Laxheit und laissez-faire-Haltungen gegenüber ihren aufsässigen Kindern beklagt, dem Lehrer also jene Erziehungs- und Disziplinierungsaufgaben zuschanzen will, die sie sich selbst nicht mehr zutrauen – in all diesen Fällen korrespondiert die Verweigerung der Schüler gleichzeitig mit einer generellen Aversion und Abwehrhaltung der Eltern, die der Schule im Allgemeinen und dem einzelnen Lehrer im Besonderen jeden Vertrauenskredit verweigern, so dass ein fruchtbares Zusammenwirken der Sozialisationsinstanzen unmöglich wird.

Die Erosion der Amtsautorität ist somit nichts anderes als die Folge eines tiefgreifenden Achtungs- und Ansehensverlusts der Schule, wie er in den letzten zwei/drei Jahrzehnten in weiten Kreisen unserer Gesellschaft gang und gäbe geworden ist. Dieser keineswegs abgeschlossene Prozess war alles andere als monokausal. In ihm verschränken sich weitreichende ökonomische Veränderungen und Verwerfungen der Arbeits- und Beschäftigungsverhältnisse, die politischen Dauerkapriolen der Bildungsreform sowie elementare kulturelle Umwälzungen und Mentalitätsverschiebungen etwa im Zusammenhang mit der Durchsetzung und dem Siegeszug der neuen Medien. Sowohl von außen als auch von innen wurde die überkommene Normalität der Schule (und Schulformen) grundsätzlich und polemisch in Frage gestellt und die Funktionsweise der Institution unter einen permanenten Veränderungs- *und* Erfolgsdruck gesetzt – eine Belastung, die sie auch bei breiterer gesellschaftlicher Rückendeckung kaum ohne größere Blessuren überstanden hätte.

Doch gerade diese elementare Loyalität wurde ihr nachhaltig entzogen, und dies häufig nicht zuletzt durch die Lehrer selbst. Beson-

---

strichen werden. (Dies ist bekanntlich der Unterschied von Spezial- und Generalprävention.)

ders für die Nach-68er-Generation von Lehrern war charakteristisch, dass sie in ihrem beruflichen Selbstbild und ihrer Definition der Lehrerrolle nicht nur ein Basisverständnis von Opposition und Abgrenzung von traditionellen „autoritären" Rollenmustern zugrundelegten, sondern dass darüber hinaus in ihrem Verhalten nicht selten Elemente einer grundsätzlichen Rollenverschleifung und Entdistanzierung gegenüber der Schülerschaft eine zentrale Bedeutung erlangten. Das Ressentiment gegenüber der „alten Schule" mündete in eine mehr oder minder eingestandene Ablehnung der eigenen Positionsmacht und des strukturellen Arrangements der Schule insgesamt. So entstand die paradoxe Figur eines Lehrers, der sich in der Ausübung seiner Berufsrolle gleichzeitig ständig von dieser Rolle zu distanzieren versucht, sich also in gewisser Weise selbst dementiert: ein Lehrer, der auf Gedeih und Verderb keiner sein will und deshalb in Wirklichkeit ein schlechter Lehrer ist.

„Was man mit schlechtem Gewissen tut, gerät auch danach" (Plessner 1981, S. 24). Wo die Machtrolle des Lehrers mit einer tiefsitzenden Machtscheu des Rollenträgers zusammentrifft, sind Konflikte und persönliche Krisen unausweichlich. Weil er die Rolle innerlich ablehnt, kann er sie gerade nicht souverän ausgestalten und unter Umständen mit ihr spielen. Das Ergebnis ist oftmals eine Art Zickzack-Kurs, bei dem die ursprüngliche antiautoritäre Emphase angesichts von Enttäuschungen und Zurückweisungen unvermittelt in das Gegenteil eines rigorosen Unterrichtsregimes umschlägt und, nach dem Scheitern auch dieser Kehrtwendung, am Ende in eine emotional distanzierte Grundhaltung von abgestumpfter Resignation und Gleichgültigkeit einmündet, die den Schulalltag nur noch „über die Runden" bringt. Wenn der Amtsinhaber selbst die Autorität seines Amtes nicht anerkennt und sich mit der Institution, die er repräsentiert, allenfalls gebrochen identifiziert, kann er die fraglose Akzeptanz seiner Positionsmacht bei anderen umso weniger voraussetzen.

Darüber hinaus kann die Fragmentierung der Amtsautorität natürlich noch eine Vielzahl weiterer Ursachen haben. Die generalisierte Achtung gegenüber einer Institution beruht ja auch auf den Momenten von Tradition und Objektivität, mit denen sie als gesellschaftliche Grundtatsache wahrgenommen wird. Wir anerkennen, was ist, weil es immer schon so war und gar nicht weggedacht werden kann. Auch die Vorstellung von Stabilität und eingeschliffenem Funktionieren ist eine Quelle der Autorität des Gegebenen. Werden nun aber die Strukturen und Ablaufmuster der Organisation unter einen permanenten Neuausrichtungs- und Veränderungsdruck gestellt, so darf man sich nicht darüber beklagen, wenn das Basisvertrauen in die Institution nach und nach schwindet und irgendwann ganz aufgelöst ist. Und genau das ist hier geschehen: Nachdem die Schule seit den siebziger Jahren unter ständig wechselnden Vorgaben in eine Dauerbaustelle der Bildungsreform verwandelt wurde, kann sie nie mehr sein, was sie einmal war: eine ehrwürdige Einrichtung, der man seine Kinder anvertraut, weil sie ihnen wesentliches Rüstzeug für das spätere Leben vermittelt.[4]

Reformen haben stets ein Doppelgesicht: Sie suspendieren eine überkommene Normalität, um ein neue zu etablieren. Gleichzeitig bedrohen sie die Gewohnheiten, die in die früheren Zustände eingehakt waren. Deshalb werden sie im Vorfeld oft beargwöhnt und nur bei starkem Problemdruck als zunächst ungedeckter Wechsel auf die Zukunft akzeptiert. Für das Gelingen von Organisationsreformen ist daher entscheidend, dass die Umstellung möglichst rasch und konsequent vollzogen wird und eine neue Stabilität der Situation entsteht, mit der man fortan rechnen und an der man sich ausrichten kann. Bleibt diese Stabilität jedoch aus, weil die Reform, kaum dass begonnen wurde, schon wieder umgesteuert oder auf eine andere Berechnungsgrundlage gestellt wird, so erlahmt die Bereitschaft der Anpassung und des geforderten Zusatzengagements rapide und weicht einer Haltung, die zwischen einem gleichgültigen Über-sich-ergehen-Lassen und abwartendem Mitmachen schwankt. Weil nichts so heiß gegessen wie gekocht wird, spielt man auf Zeit und setzt darauf, dass die übereifrigen Köche sich demnächst sowieso wieder zerstreiten und die ganze Suppe von neuem angerührt wird. Man kennt solche Verhältnisse aus der Planwirtschaft: Wenn der Plan sich ständig ändert, ist Planerfüllung schwierig. Menschen nehmen häufig große Anstrengungen auf sich, um sich unausweichlich veränderten Verhältnissen anzupassen, aber sie ertragen den Umbruch nicht als Dauerzustand, in dem sie sich stattdessen der Willkür der Entscheider ausgeliefert fühlen. Wo die Strukturen und Ablaufmuster der Institution einem ständigen Wechsel von „Innovationen", „Implementierungen", „Organisationsentwicklungen" usw. ausgesetzt werden, wird neben den überkommenen und bewährten Funktionsroutinen auf mittlere Sicht auch das *Bild* der Institution zerstört, das ihrer allgemeinen Anerkennung und Wertschätzung zugrundeliegt.

---

[4] Zu den praktischen Paradoxien und ideologischen Funktionen von Reform und „Reformgeist" in der heutigen Pädagogik und Bildungspolitik vgl. den schönen Artikel von Liessmann (2006).

Doch damit nicht genug. Zusätzlich zu den Korrosionen der Amtsautorität ist auch die Sachautorität des Lehrers in den letzten Dekaden tiefgreifenden Anfechtungen und Relativierungen ausgesetzt worden, die die Vermittlung von Wissen und Bildungsinhalten unter völlig neue gesellschaftliche Voraussetzungen stellen und die geforderte Autoritätsbalance erschweren. So haben die Einführung und die allgemeine Durchsetzung der neuen Informationstechnologien in weiten Bereichen der Arbeitswelt und die massenhafte Ausweitung dramatisch veränderter Formen des Medienkonsums bei vielen Schülern zu einer grundsätzlichen Bedeutungsverschiebung und Umwertung schulischen Wissens geführt, die die fraglose Akzeptanz der Sinnhaftigkeit traditionellen Lernens und darüber hinaus die generelle Wertschätzung von Bildung nachhaltig untergraben. Hinzu kommen die Verwerfungen und Unwägbarkeiten des Arbeitsmarktes, die als diffuse Zukunftsängste im Hintergrund stehen und heute oftmals schon die Lernhaltungen und Einstellungen im Grund- und Sekundarbereich prägen. Wenn aber alles angebotene oder vermittelte Wissen einem – höchst unsicheren – beruflichen Nutzenkalkül unterworfen wird, so ist damit indirekt eine weitreichende, mehr oder minder bewusste instrumentelle Selbsteinschränkung des eigenen Lernens verbunden und bedeutet im Kern eine rigorose Abwertung von Wissen und Können überhaupt.

Die an vielen Einzelerscheinungen beobachtbare Erosion des Leistungsprinzips, die Transformation der gegenwärtigen Gesellschaft von einer Leistungs- in eine Erfolgsgesellschaft (vgl. Neckel 2008), hat auch in der Schulwirklichkeit tiefe Spuren hinterlassen. Die Geringschätzung eines Wissens und Könnens, das seinen Zweck in sich selber findet, wird nicht nur durch die von oben wie von unten favorisierte Reduktion von Bildung auf Ausbildung befördert; sie findet eine weitere – und vielleicht mächtigere – Stütze in den vielfältigen jugendkulturellen Haltungen von Spontaneität, Erlebniskonsum und „Cleverness", die jede Beharrlichkeit unterminieren und der schulischen Orientierung an kontinuierlichem Lernen und Sachdisziplin entgegenstehen.[5] Hierin liegt eine grundlegende

---

[5] Der tiefere Grund dieser Schwierigkeit liegt freilich auch im Sachtypus der Lehrerarbeit und der geforderten Schülerleistungen selbst. Anders als in der späteren Erwerbsarbeit dient die Bewältigung fachlicher Aufgaben hier nicht dem Erreichen eines sachlichen Zieles, sondern erhält seinen Sinn immer nur in der laufenden Kontrolle des individuellen Leistungsniveaus. Alle „Produkte" (z. B. Klassenarbeiten) haben stets nur die Funktion eines Spiegels von Wissen und Fähigkeiten, so dass die damit verbundenen Anstrengungen und Mühen oftmals gerade nicht als sachlich begründete Erfordernisse, sondern als mehr oder minder willkürliche Leistungsvorgaben des Lehrers erscheinen. Bernhard Bueb teilt hier-

Selbstblockade heute verbreiteter Ausbildungshaltungen: Wo Schüler glauben, im Ringen um späteren beruflichen Erfolg Fleiß und Können durch Cleverness ersetzen zu können, setzen sie sich auf ein gefährliches Gleis. Gewiss: Frechheit siegt! Einmal, zweimal, beim dritten Mal jedoch nicht mehr. Nur in Verbindung mit Wissen und Können zahlt die Gewitztheit sich aus. Cleverness, die nichts kann und dann auf den Bauch fällt, verwandelt sich in Wut.

Die Anerkennung der Sachautorität des Lehrers wird unter diesen Voraussetzungen von zwei Seiten bedroht und relativiert. Er vermittelt Wissen, dessen berufliche Verwertbarkeit er nicht garantieren kann und dessen Stellenwert im normativen Horizont von „Bildung" kaum mehr anerkannt und respektiert wird. Und gleichzeitig steht sein Bemühen, bei den Schülern Interesse und Neugier für das Fach zu wecken, das er unterrichtet, in unmittelbarer Konkurrenz zu den Relevanzen der peers und der Subkulturen oder den Verlockungen des Erlebnismarktes. Gewiss war dies seit je ein Grundproblem der Pädagogik: Kinder und Jugendliche leben im Hier und Jetzt und sind mit vagen Versprechungen oder Ermahnungen, die ihre spätere Zukunft betreffen, kaum zu beeindrucken.[6] Wie können sie also dazu gebracht werden, ihre Aufmerksamkeit zu fokussieren und ihr Interesse auf Dinge zu richten, die sie aktuell (noch) nicht interessieren? Man sieht: Das Problem ist sehr alt, aber es erfährt unter den heutigen Bedingungen auf den verschiedenen Stufen schulischen Lernens eine neue, dramatische Zuspitzung.

Nimmt man nun beide Entwicklungen – die tiefgreifende Fragmentierung der Amtsautorität bei gleichzeitiger Relativierung des angebotenen Sachwissens – zusammen, so steht der Lehrer wethin auf verlorenem Posten. Er versteht sich als Einzelkämpfer, und er ist es auch. Denn Lehrerarbeit ist, aller Kooperations- und Vernetzungs-

---

zu in seiner Streitschrift *Lob der Disziplin* (2006) eine interessante Beobachtung mit: So habe es in Salem selbst in den Hochzeiten der antiautoritären Revolte, als im Unterricht alles drunter und drüber ging, in zwei Bereichen – der Schulfeuerwehr und dem auf schulvergleichende Wettkämpfe ausgerichteten Sporttraining – niemals ernsthafte Disziplinprobleme gegeben. Wo es mithin allen einsichtige sachliche Prämissen und Erfolgsziele gab, der Labor- und Trockenschwimmcharakter des Unterrichts also aufgehoben war, war die Bereitschaft zur Anerkennung einer vorgegebenen Amts- und Sachautorität ungebrochen.

6 So heißt es zum Beispiel in den Vorlesungen Friedrich Schleiermachers von 1820/21: „Für die Zukunft hat dies Alter noch wenig Sinn, und es kann ihm nur mit wenig Erfolg die Zumutung gemacht werden, etwas um der Zukunft willen zu tun." Darum werde dies für die Jugend immer ein schwaches Motiv sein, ja es sei „ganz gegen den Charakter der Jugend, sich Vorstellungen zu machen, was sie in diesem oder jenem zukünftigen Fall würde erlernt haben müssen" (Schleiermacher 2000, S. 293).

appelle zum Trotz, prinzipiell Einzelarbeit. Schulen (und Hochschulen) sind ihrem Grundaufbau nach „lose verkoppelte Organisationen" (vgl. Weick 1976). Ihr Funktionsprinzip ist nicht das Miteinander, sondern das serielle Nebeneinander der verschiedenen Abteilungen und Positionsinhaber.[7] Jeder arbeitet für sich und letztlich auf eigene Rechnung und Verantwortung. Vor der Klasse, bei der konkreten Stoffauswahl und Unterrichtsvorbereitung, beim Korrigieren und Bewerten der Klassenarbeiten, den persönlichen Einzelinstruktionen – in allen Kernbereichen seiner beruflichen Tätigkeit ist der Lehrer in einem elementaren Sinne allein. Gewiss gibt es Absprachen, kollegiale Abstimmungen und curriculare Vorgaben, die Umsetzung erfolgt jedoch immer individuell, und zwar nach Maßgabe des eigenen pädagogischen Könnens und Selbstverständnisses. Es ist dieses strukturelle Auf-sich-Gestelltsein, das dafür verantwortlich ist, dass dieser Beruf an den einzelnen Lehrer einerseits besonders hohe Persönlichkeitsanforderungen an intrinsischer Motivation und Gewissenhaftigkeit stellt, für die er jedoch andererseits mit zeitlichen Dispositionsspielräumen und dem großen Privileg einer weitgehend selbständigen Sachgestaltung des Unterrichts entschädigt wird.

Der Schlüssel für einen gelingenden Unterricht liegt deshalb vor allem in der Persönlichkeit des Lehrers. Der pädagogische Erfolg variiert mit seiner Fähigkeit, aufgrund seiner fachlichen Autorität eine persönlich maßgeschneiderte, gleichsam individuelle Didaktik zu entwickeln und die Schüler auf diesem Wege für ein Fach zu interessieren. Sowohl die konkrete Handhabung der Amtsautorität als auch die besondere Ausprägung und Inszenierung der Sachautorität sind in der Wahrnehmung der Schüler in letzter Instanz eine Funktion der Persönlichkeitsautorität des Lehrers: Ist er als Person respektiert und anerkannt, so folgt man ihm auch in der Ausübung seiner institutionellen Rolle und seinen fachlichen Vorgaben. Glaubwürdig ist ein Lehrer dann, wenn er mit der ihm verliehenen Amtsmacht gerecht und verantwortlich umgeht und sich überzeugend für das Fach, das er unterrichtet, engagiert.

Mit den beschriebenen Korrosionen schulischer Normalität erhöhen sich nun die Belastungen und Anforderungen an den persön-

---

7 Die Serialität ist übrigens kein Mangel, der möglichst überwunden werden sollte, sondern umgekehrt die Voraussetzung dafür, dass Schule und Hochschulen auch dann noch weitgehend funktionsfähig bleiben, wenn es zwischen der Arbeit der einzelnen Abteilungen und Positionsinhaber zum Teil gravierende Divergenzen oder Qualitätsunterschiede gibt. Es macht gerade die Stärke und Elastizität lose verkoppelter Organisationen aus, dass sie Kooperationen zwischen ihren Mitgliedern zwar ermöglichen, aber nicht erzwingen.

lichen Einsatz des Lehrers dramatisch. Er soll den Ansehensverlust von Schule und Wissen gewissermaßen durch seine Persönlichkeit ausgleichen und ist damit nicht selten überfordert. Gerade die mit der Permanenz der Reformen einhergehende Rhetorik von Aufbruch und heroischer Anstrengung wirkt hier lähmend und kontraproduktiv: Der pädagogische Alltag kann nicht auf Dauer als Kampf aufgefasst werden, irgendwann ist jeder Held ausgelaugt und erschöpft. Heldentum gibt es nur, wenn es dem Nicht-Alltäglichen und Außergewöhnlichen, eben der Ausnahmesituation vorbehalten bleibt, als kurzzeitige Anspannung und Mobilisierung aller Kräfte, um eine akute Krise zu überwinden und neue Normalität herzustellen. Menschen sind oft zu großen Anstrengungen und Anpassungsleistungen bereit, wenn sie von deren Unumgänglichkeit überzeugt sind und irgendwann Licht am Ende des Tunnels sehen. Wo sich aber keine Teleologisierung des Prozesses abzeichnet und die Arbeit als Kampf gegen Windmühlen erscheint, ist die unerlässliche Entwicklung stabiler – institutioneller *und* persönlicher – Alltagsroutinen gefährdet, die am Ende auch die Sachqualität der Arbeit sicherstellen und ohne die keine funktionierende Organisation auskommen kann.

IV. Unterrichten zwischen Herrschen und Führen

Das institutionelle Arrangement der Schule ist eine Machtordnung. Und dies in zweierlei Hinsicht: Zum einen handelt es sich um eine formale Organisation mit klaren Regeln der Mitgliedschaft und hierarchisch gestaffelter Positionsmacht, wie sie etwa in der bürokratischen Oberaufsicht des Direktors und der funktionalen Eingebundenheit in eine übergreifende Figuration von Behörden und anderen Institutionen des Bildungssystems zum Ausdruck kommt. Andererseits ist auch das Lehrer/Schüler-Verhältnis (wie jedes andere Erziehungsverhältnis) eine grundsätzlich asymmetrische Machtbeziehung, in der der Mächtigere über die Chance verfügt, „den eigenen Willen auch gegen Widerstreben durchzusetzen",[8] wobei die Beziehung hier freilich durch den Vorrang und die Mitgegebenheit anderer, uneigennütziger Motive (etwa der Förderung und des Helfens)

---

[8] Dies ist bekanntlich die klassische Machtdefinition Max Webers (1972, S. 28). Auf die weitreichenden Implikationen und Interpretationsmöglichkeiten (etwa des Wörtchens „auch") oder die diversen Abgrenzungsprobleme von Macht und Herrschaft (als institutionalisierter Macht) gehe ich hier nicht näher ein. Vgl. ausführlich Paris 2005, S. 27ff.

modifiziert und überformt wird. Das Scharnier zwischen den beiden Interaktionssystemen ist die Amtsmacht des Lehrers, die ihn mit bestimmten Sanktionsrechten ausstattet und somit, ob er will oder nicht, auch sein pädagogisches Handeln grundiert.

Jenseits der Vermittlung von Wissen und Fähigkeiten besteht eine Grundaufgabe des Lehrers in der Herstellung und dem Aufrechterhalten situativer Ordnung. Hierzu muss er Techniken und Gewohnheiten sozialer Kontrolle entwickeln, die einen stabilen Rahmen des Unterrichts schaffen und auch ihm selbst eine gewisse Sicherheit geben. Friedrich Thiemann (1985) hat sie detailliert untersucht: Durch charakteristische Modulationen der Stimme, ein hochselektives Blickverhalten, das sowohl die Gruppe im Auge behält als auch den einzelnen Unruhestifter fixiert, typische Bewegungen im Raum, etwa das Auf- und Abgehen am Pult, der Kontrollgang zwischen den Tischreihen oder die Platzierung im Rücken der Klasse – in all diesen Methoden der Disziplinierung geht es nicht nur um die Behauptung von Macht, sondern vor allem um die immer wieder neu zu bewerkstelligende Hervorbringung und Stabilisierung einer geordneten Situation, die für alle Beteiligten eine tragfähige Handlungsgrundlage darstellt und zugleich die Voraussetzung sachlicher Konzentration und Aufmerksamkeit ist. Kurzum: Der Lehrer muss seine Amtsmacht in Ordnung und Normalität übersetzen, ohne die es letztlich keinen produktiven Unterricht geben kann.

Dennoch ist für das Gelingen von Wissensvermittlung und Lernprozessen entscheidend, dass die Machtrelevanzen im Hintergrund bleiben. „Zwang inspiriert zu nichts" – so das Motto des unkonventionellen Pädagogen und Klaviervirtuosen Franz Liszt. Wesentlich für das Entstehen einer gedeihlichen „pädagogischen Atmosphäre" (Bollnow 1964) ist vielmehr das Zusammenspiel ganz verschiedener Eigenschaften, Gefühls- und Stimmungslagen der Akteure, ein Gemisch, das nur schwer geplant oder bewusst erzeugt werden kann und in dem sich eine Grunddisposition von ungerichteter Neugier und „Erwartungsfreudigkeit" der Schüler mit der Hingabe des Lehrers an das von ihm unterrichtete Fach verbindet. Auch hier scheinen in letzter Instanz Persönlichkeitsmomente ausschlaggebend zu sein: Es sind vor allem das eigene Interesse, seine leidenschaftliche Überzeugtheit und das Eintreten für sein Fach, die den Lehrer dazu befähigen, auch die Schüler für einen bestimmten Gegenstand zu interessieren und vielleicht sogar zu begeistern.

Lehren und Unterrichten sind unter diesem Aspekt in erster Linie Sachführerschaft. Der Lehrer unterrichtet die Schüler in einem Fach: Er macht sie mit etwas bekannt, was ihnen bislang unbekannt war und für das er sie interessieren will. Im Idealfall: Sachführerschaft als Verführung zur Sache. Lange Zeit war der Begriff der Führung in der deutschen Nachkriegsgesellschaft (nicht nur) in der Pädagogik aus naheliegenden Gründen tabu. Das war in der Weimarer Republik noch sehr anders gewesen: Dort war die Vorstellung von Erziehung als einer besonderen Ausprägung von Führen und Geführtwerden und dem Lehrer als Führer sowohl in den grundlagentheoretischen Debatten und Kontroversen als auch in den konzeptionellen Begleitdiskussionen reformpädagogischer Schulversuche durchaus geläufig und verbreitet, und dies keineswegs nur von konservativer oder reaktionärer Seite.[9] Und auch heute ist die Problematik der Sache ja nicht dadurch erledigt, dass man den Begriff aufgrund seiner historischen oder vermeintlich autoritären Konnotationen zwanghaft umgeht.

Unterrichten als Führen heißt: Einführen in ein Wissensgebiet, Hinführen zu bestimmten Fragestellungen, Vorführen fachlichen Denkens und sachlicher Problemlösungen. Wer führt, setzt Ziele, er weist anderen einen Weg und geht auf ihm voran. Dabei ist derjenige, der führt, oftmals gleichzeitig Vorbild, also eine Autorität, der man nacheifert. Trotzdem müssen Führungs- und Vorbildfunktion nicht unbedingt zusammenfallen. Max Scheler bestimmt in einem nachgelassenen Aufsatz über *Vorbilder und Führer* (Scheler 1957) die zentrale Differenz der beiden Sozialfiguren in der Chance der „Situationsenthobenheit" des Autoritätsverhältnisses: Vorbild und bewunderte Autorität kann für uns auch jemand sein, der davon nichts weiß, ja sogar historische Persönlichkeiten oder literarische Kunstfiguren, Cäsar und Lord Jim, können auf diese Weise Vorbildcharakter gewinnen. Demgegenüber agiert der Führer immer im Hier und Jetzt, ist alle Führung ein Führen in einer konkreten Situation. Deshalb muss er sich stets zum Führen entschließen: Führen kann nur, wer auch führen will und das damit verbundene Risiko (und zugleich: die Verantwortung für andere) offensiv annimmt und übernimmt. Es gibt keine sich selbst dementierende Führung. Es ist dieses Moment von definitiver Festlegung und Entschlossenheit, die Bejahung der Führungsrolle, das die Voraussetzung jedes gelingenden Führungshandelns ist, wobei die Akzeptanz und Folgebereitschaft der Geführten freilich sehr stark davon abhängen wird, ob der Führende in seiner fachlichen Qualifikation und persönlichen Statur, eben als Sachautorität und Persönlichkeit, fraglos anerkannt ist oder nicht.

---

9 Vgl. etwa die Neuauflagen und Nachdrucke von Litt (1965) und Petersen (1984).

Denn über den Erfolg oder das Scheitern der Führung entscheiden letztlich die Folgenden. Folgen heißt, sich jemandem anzuvertrauen, dem man vertraut und dem man gleichzeitig zutraut, in unwirtlichem Gelände den richtigen Weg zu finden. Man attestiert ihm überlegene Fähigkeiten (der Orientierung und des Meisterns von Schwierigkeiten), die man sich selber abspricht, und ordnet sich ihm deshalb freiwillig unter. Allerdings tanzen auch Folgende nicht selten aus der Reihe. Trotz genereller Folgebereitschaft sind die spontanen Bedürfnisimpulse und die Anziehungskraft der Ablenkungen zu groß. Die Notwendigkeit und Verantwortung der Führung verlangt bei Bedarf die Disziplinierung der Folgenden, also den Einsatz der zuhandenen Machtmittel.[10] Mit anderen Worten: Um führen zu können, muss der Lehrer zumindest kurzzeitig immer auch wieder herrschen. Er muss die Klasse disziplinieren und Abweichler zur Raison bringen, um die Situation im Griff zu behalten und in der Sache fortfahren zu können. Und unterliegt dabei stets dem Paradox der Sanktion, aktuell Unordnung schaffen zu müssen, um die Ordnung wiederherzustellen.

Das Geschick eines erfolgreichen Unterrichts liegt unter machtsoziologischen Gesichtspunkten also darin, dass der Lehrer von seiner Amtsmacht und seiner Definitionsmacht der Situation in der Weise Gebrauch macht, dass im Wahrnehmungsfeld der Schüler die Machtrelevanzen verblassen und gegenüber den Anforderungen und Verlockungen der Sache in den Hintergrund treten. Dies gelingt ihm vor allem durch überzeugende Führung: Wenn die Schüler ihn als Sachautorität anerkennen und als Persönlichkeit achten, ist auch die selbstverständliche Geltung der Amtsautorität in der Regel kein Problem. Wo hingegen die Amtsautorität gemindert oder gar vollständig zerbrochen ist und das Defizit gleichzeitig nicht durch eine entsprechende Stärkung der Sachführerschaft ausgeglichen werden kann, ist die Abwärtsspirale des Autoritätsverlusts kaum zu stoppen.

Führung ist hier, wie in anderen Bereichen auch[11], stets eine Gratwanderung. Sie muss Nähe und Distanz austarieren, den Überblick behalten und gleichzeitig auf den Einzelfall eingehen, sie muss sich einfühlen in die Orientierungen der Folgenden und zugleich unbeirrt an bestimmten Sachzielen festhalten. Der Lehrer setzt Standards, die er vor allem selbst erfüllen und denen er gerecht werden muss. Führung ist eine Leistung, die jemand für andere erbringt und durch

---

[10] „Der Zwang zur Führung ist die Pflicht zur Macht" (Plessner 1981, S. 121).
[11] Vgl. hierzu etwa die von Oswald Neuberger (1990, S. 90ff.) aufgelisteten Rollendilemmata betrieblicher Führung.

die er sie zugleich zu eigenen Leistungen anspornt. Und das heißt umgekehrt: Bleibt der Lehrer diese Leistung schuldig, so wird nicht nur die Leistungsbereitschaft der Schüler erlahmen; er verliert auch die persönliche Achtung und Anerkennung, die die Voraussetzung für jeden erfolgreichen Neuanfang sind.

Damit ist klar: Wenn die Autoritätsbalance des Lehrers heute durch eine Vielzahl äußerer und innerer Entwicklungen, durch grundlegende Veränderungen der Figuration und des kulturellen Umfelds von Mentalitäten und Motivationen, in einem elementaren Sinne bedroht und gefährdet scheint, so zwingt ihn dies vor allem, die Machtaspekte der Lehrerrolle auch gegen seinen Willen und seine pädagogische Überzeugung verstärkt zur Geltung zu bringen und sich dadurch gleichzeitig daran zu hindern, den Unterricht primär als Sachführerschaft zu begreifen und zu organisieren. Wenn Schüler und Umstände ihm vorrangig die Aufgabe zudiktieren, zuallererst situative Ordnung zu schaffen und diese gegen Störungen zu verteidigen, so werden dadurch unweigerlich seine Energie und sein Engagement für die Sache gemindert, durch die er seine Autoritätsgeltung bei den Schülern wiederherstellen könnte. Kurzum: Je mehr er gezwungen ist zu herrschen, desto weniger ist er in der Lage zu führen.

Natürlich ist dieses Bild überzeichnet. Ob die skizzierten Prozesse und Entwicklungen tatsächlich in dem behaupteten Ausmaß zutreffen, ob sie irreversibel sind oder nur Ausschläge einer Pendelbewegung darstellen, die sich auch wieder abschwächen kann und irgendwann zu einer (vorläufigen) Ruhe kommt – all das sind offene empirische Fragen. Gleichwohl scheint mir unabweisbar, dass die „alte" Normalität der Schule (und ebenso: der Hochschule) durch die Reformlawinen der letzten Jahrzehnte und die Permanenz der Umstrukturierungen weitgehend zerstört worden ist. Heute sind, so scheint es, Krise und Umbruch Dauerzustände, die kaum mehr die Herausbildung tragfähiger Routinen gestatten. Andererseits ist nichts so konstant wie die Phantasie und der Einfallsreichtum der Menschen zur Verteidigung, Modulierung und Anpassung ihrer Gewohnheiten. Jenseits aller Aufgeregtheiten und konservativen Rufen nach Werten und Maßstäben gilt, dass Werte nicht beschworen, sondern nur praktiziert werden können. Und dass dort, wo sie tatsächlich praktiziert und vorgeführt werden, am Ende gar nicht zu verhindern ist, dass neue Autorität entsteht oder verlorengegangenes Ansehen schließlich doch restituiert werden kann.

Literatur

Bollnow, O. F. (1964): Die pädagogische Atmosphäre. Untersuchungen über die gefühlsmäßigen zwischenmenschlichen Voraussetzungen der Erziehung. Heidelberg.

Bueb, B. (2006): Lob der Disziplin. Eine Streitschrift. Berlin.

Durand, C./ Touraine, A. (1979): Die kompensatorische Rolle der Werkmeister, in: Zündorf, L. (Hrsg.): Industrie- und Betriebssoziologie. Darmstadt, S. 119-157.

Friedberg, E. (1995): Ordnung und Macht. Dynamiken organisierten Handelns. Frankfurt/M.-New York.

Liessmann, K. P. (2006): Reform, in: Dzierzbicka, Agnieszka/ Schirlbauer, Alfred (Hrsg.): Pädagogisches Glossar der Gegenwart. Von Autonomie bis Wissensmanagement. Wien, S. 236-244.

Litt, Th., (1965): Führen oder Wachsenlassen. Eine Erörterung des pädagogischen Grundproblems (1927). Stuttgart.

Neckel, S. (2008): Flucht nach vorn. Die Erfolgskultur der Marktgesellschaft. Frankfurt/M.-New York.

Neuberger, O. (1990): Führen und Geführtwerden. Stuttgart.

Paris, R. (1998): Stachel und Speer. Machtstudien. Frankfurt/M.

Paris, R. (2002): Über die Schwierigkeit zu loben. Dilemmata pädagogischer Autorität heute, in: Brinek, G./ Schirlbauer, A. (Hrsg.): Lob der Schule. Wien, S. 11-23.

Paris, R. (2005): Normale Macht. Soziologische Essays. Konstanz.

Paris, R./ Sofsky, W. (1987): Drohungen. Über eine Methode der Interaktionsmacht. In: Kölner Zeitschrift für Soziologie und Sozialpsychologie 39, S. 15-39.

Petersen, P. (1984): Führungslehre des Unterrichts. Konzepte und Erfahrungen (1937). Weinheim und Basel.

Plessner, H. (1981): Grenzen der Gemeinschaft. Eine Kritik des sozialen Radikalismus (1924). In: Ders.: Gesammelte Schriften V. Frankfurt/M., S. 7-133.

Popitz, H. (1992): Phänomene der Macht. 2. erw. Aufl. Tübingen.

Scheler, M., (1957): Vorbilder und Führer (1911-21). In: Ders.: Schriften aus dem Nachlaß. Bd. 1. Bern, S. 255-344.

Schleiermacher, F. (2000): Texte zur Pädagogik. Kommentierte Studienausgabe. Bd. 2. Frankfurt/M.

Sennett, R. (1985): Autorität. Frankfurt/M.

Simmel, G. (1983): Soziologie. Untersuchungen über die Formen der Vergesellschaftung (1908). 6. Aufl. Berlin.

Sofsky, W./ Paris, R. (1994): Figurationen sozialer Macht. Autorität – Stellvertretung – Koalition. Frankfurt/M.

Thiemann, F. (1985): Schulszenen. Vom Leiden und Herrschen, Frankfurt/M.

Turner, St. (1995): Charisma und Gehorsam. Ein Risikoerkenntnis-Ansatz. In: Berliner Journal für Soziologie 5, S. 67-87.

Weber, M. (1972): Wirtschaft und Gesellschaft. Grundriß der verstehenden Soziologie (1922). 5. Aufl. Tübingen.
Weick, K. E. (1976): Educational organizations as loosly coupled systems. In: Administrative Science Quarterly 21, S. 1-19.

Autorität und Schule – zur Ambivalenz der Lehrerautorität

WERNER HELSPER

I. Die Schule als Autoritätsverhältnis und die These des Autoritätsverlustes

Autorität und Schule scheinen – oder zumindest schienen – über lange Zeiträume eng miteinander verbunden: Lehrer waren mitunter Furcht einflößende, despotische, strafende und übermächtige Erwachsene, den Schülern entrückt und über ihnen thronend. Adorno hat diese Seite der Lehrer in seinen „Tabus über dem Lehrberuf" (Adorno 1969) mit den Bildern des Prüglers, Kerkermeisters und Henkers auf das Deutlichste markiert.[1] Im Übrigen existieren Bilder der despotischen, harten Lehrerautorität, die auch in den Schulromanen und -stücken zu Beginn des 20. Jahrhunderts illustriert werden, etwa in Hesses „Unterm Rad" oder in Wedekinds „Frühlings Erwachen". Es finden sich aber auch die idealisierten Bilder des Lehrers als Wissenden, Erfahrenen, zu den man aufblicken kann und der sich – ganz der Sache verschrieben – der Bildung und Erkenntniserweiterung der Schüler widmet. Selbst bei Pierre Bourdieu, einem der kritischsten Analytiker der Schule, findet sich in seinem „soziologischen Selbstversuch", dort, wo er das gewaltsame und rohe Internatsleben mit der Schule kontrastiert, eine derartige Erhöhung der Lehrer: „Und auf der anderen Seite gab es die Klasse, die Lehrer, vor allem Frauen, deren Blicke und Fragen, selbst wenn sie einen noch so sehr forderten – wie während der Mathematikstunde der Gang an die Tafel –, doch von einer Art liebevoller Milde begleitet waren, die man im Internat nicht kannte" (Bourdieu 2002, S. 110).

---

[1] Dabei hat er zugleich darauf verwiesen, dass diese mitunter furchterregenden autoritativen Gestalten nur in einer pädagogischen Welt, wo Erwachsene auf ihnen unterlegene und von ihnen abhängige Kinder treffen, so furchterregend wirken konnten, worin er eine besondere Form der „Unfairness" sieht (Adorno 1969, S. 66f.).

Aus einer stärker strukturellen Perspektive formuliert Helmut Fend in seiner „Neuen Theorie der Schule": „Eine Kernerfahrung, die Schülerinnen und Schüler in der Beziehung zu Lehrpersonen machen, ist die der historisch und gesellschaftlich für legitim gehaltenen Form der *Autorität*. Lehrpersonen arbeiten gewissermaßen an der „Front" der Kulturvermittlung. Sie müssen die gesellschaftlichen Erwartungen und Lernanforderungen an die Lernmöglichkeiten und Bedürfnisse von heranwachsenden Kindern und Jugendlichen anschlussfähig machen" (Fend 2006, S. 63). In der oben skizzierten janusköpfigen Gestalt – der despotischen und der idealisierten – tritt die Lehrerautorität in der Schule spannungsvoll und in verschiedenen Mischungsverhältnissen in Erscheinung.

Fend entwirft nun im Rahmen modernisierungstheoretischer Konzepte allerdings ein Stufenmodell des Wandels der Schulkultur: Eine erste Stufe ist durch die Dominanz des religiösen Ritus in der Schulkultur bestimmt. Die zweite Stufe, die sich im Zuge des 19. und 20 Jahrhunderts durchsetzt, steht für das tradierte, moderne Generationsverhältnis, in dem Disziplin- und Leistungsanforderungen das Lehrer-Schüler-Verhältnis bestimmen und die religiös-rituelle Legitimierung durch Unterordnung und Distanz abgelöst werden. Gleichwohl bestand eine Ritualisierung der schulischen Alltagskultur, die im Anstehen in Reihen, dem Aufstehen beim Eintreten des Lehrers usw. geprägt war (Fend 1998, S. 179, auch Fend 2006). Diese um Autorität und Hierarchie zwischen den Generationen zentrierte Schulkultur wird in den letzten Jahrzehnten von einer dritten Stufe der Schulkultur abgelöst: Diese ist gekennzeichnet durch eine ‚Kultivierung der Lehrerrolle' im Sinne einer fachlichen Orientierung und zweitens durch eine ‚Demokratisierung' der schulischen Generationsbeziehungen hin zu neuen Formen der Partnerschaftlichkeit und Enthierarchisierung zwischen Schülern und Lehrern (ebd., S. 180).

Obwohl die Schule „vor allem ein Ort der Erfahrung von Autorität" sei (ebd. S. 64), erscheinen allerdings die kulturellen Umbrüche der 1960er Jahre als eine grundlegende Infragestellung und Aufstörung der Lehrerautorität. In beiden polaren Gestalten, zwischen denen die Lehrerautorität in Erscheinung treten kann, werde die Lehrerautorität im Zuge kultureller Modernisierungen relativiert: Sie erodiere und verliere ihre Basis.

Diese Vermutung ist eingebettet in Diagnosen zum Wandel der Generationsbeziehungen, von denen die Schule besonders getroffen werde. Insbesondere Thomas Ziehe hat bereits früh die kulturellen Freisetzungen skizziert, von denen die Schule getroffen wird, und sie unter dem Stichwort der „Entauratisierung" zusammengefasst. Die frühere Schule zehrte von der Gratiskraft eines weitgehend unhinterfragten Bildungskanons, von einem tradiert-modernen Generationsverhältnis, das von der Autorität des Lehreramtes und einem massiven Machtgefälle zwischen den Generationen gekennzeichnet war und schließlich von der Selbstverständlichkeit der Selbstdisziplin der Schüler (Ziehe/Stubenrauch 1982, S. 130ff.). Diese schulische Ordnung war eingebettet in einen übergreifenden gesellschaftlichen Deutungshorizont, von dem sie ihre Selbstverständlichkeit und Verbindlichkeit entlehnen konnte. Diese Aura der Schule als einer einzigartigen Bildungsstätte erodiert:

- Die Schule erscheint nicht mehr als kulturell selbstverständlicher Raum der gültigen Bildungsgüter und Wissensbestände, sondern als hergestellter und umstrittener Raum.
- Das schulische Wissensangebot steht im Zuge neuer Wissenszugänge und einer Beschleunigung der Wissenstransformation unter dem Generalverdacht, es sei angesichts der Entwicklungen in den ökonomischen, politisch-öffentlichen sowie medialen Bereichen veraltet. Es wird damit notorisch legitimationsbedürftig. Angesichts immer schnellerer Umbrüche in den Wissensbeständen erscheinen gar die Jüngeren im Vorteil. Sie müssen sich – wie Winkler (1998, S. 132) formuliert – eine Welt aneignen, die der älteren Generation „schon soweit enteilt ist, dass diese zu vermittelnder Tätigkeit gar nicht mehr in der Lage ist". Das „kulturelle Erbe" trete der jüngeren Generation schon als „Verfallsprodukt" entgegen, so dass die jüngere Generation im Lernen bereits die „Entsorgung" des Angeeigneten antizipieren müsse – eine Art Lernen auf Widerruf.
- Auch die Autorität der Lehrer relativiere sich. Denn Lehrer repräsentieren nicht mehr monopolartiges Wissen. Und ihre Erziehungshaltungen, die sie vertreten, sowie die Haltungen, die sie von Schülern einfordern, erfahren im Zuge der stärker auf Begründung und Verhandeln orientierten Beziehung von Jugendlichen gegenüber Erwachsenen und einer Abflachung des Machtgefälles zwischen ihnen eine Entwertung. Zudem stehen Haltungen, die von Lehrkräften eingefordert werden – die individualisierte Leistungsanstrengung und Selbstdisziplin in Verbindung mit der Zuschreibung eines selbstverantworteten Leistungsstatus und daran gebundener Lebenschancen – im Zuge der kulturellen Pluralisierung in Konkurrenz mit anderen Lebensstilen und mit den hedonistischen Verausgabungsformen expressiver Jugendkulturen.

Vor diesem Hintergrund ständen die Schule und die Lehrer, sowohl der kulturellen Aura eines einzigartigen Bildungsortes und der Selbstverständlichkeit eines tradierten Generationsverhältnisses der Überlegenheit und Autorität der Älteren entledigt, gleichsam ‚organisatorisch nackt' da: „Die Aura des Lehrers war gebunden an seine strukturierende Autorität gegenüber seinen Schülern. Das Vorbild ist oben, zu ihm schaut der Schüler auf, und sein geheimer Wunsch ist es, es seinem Vorbild später gleich zu tun: so will er auch einmal sein" (Bois-Reymond 1998a, S. 331). Genau diese auratische, kulturell gestützte Beziehung zum Vorbild-Lehrer als einer „natürlich" empfundenen Autorität (vgl. Nohl 1988, Kerschensteiner 1927, Helsper u.a. 2007) oder zu seinem Zerrbild, dem Angst einflößenden Lehrerdespoten, entfällt. An dessen Stelle treten versachlichte und distanzierte Beziehungen: „Die Ent-Auratisierung bewirkt erst, dass der schulische Prozess selbst so nackt, so langweilig, so absurd, so fremd in Erscheinung tritt. Das Vakuum, das die Ent-Auratisierung hinterlässt, ist auch durch organisatorischen oder technischen Aufwand, auch durch didaktische Spezialisierungen und auch durch Verhaltenstechniken des Lehrers nicht aufzufangen. (...) Zunächst ist Schule Schule, zunächst ist Schule Berufs-(Nicht-)Vorbereitung, zunächst ist Schule der Kampf um Zensuren" (Ziehe/Stubenrauch 1982, S. 132f.). Damit gehe eine neue Anstrengung für Lehrer in Schule und Unterricht einher, nämlich ohne diese auratische Überhöhung und angesichts einer Dauerinfragestellung den schulisch-unterrichtlichen Alltag aus eigener Kraft gestalten zu müssen (vgl. ebd., du Bois-Reymond 1998a). Denn indem die Umgangsformen zwischen Lehrern und Schülern auch informelle, starre Rituale abgebaut werden und eine stärkere Reziprozität zwischen Jüngeren und Älteren entsteht, geraten auch die Lehrer-Schüler-Beziehungen unter Druck und müssen über anstrengende Aushandlungen geregelt werden. Diese kulturellen Modernisierungen in den Generationsbeziehungen (vgl. auch Büchner 1996, 2006) durchdringen die Schule und führen zu einer Transformation der schulischen pädagogischen Generationsbeziehungen.

Wenn diesen epochalen Vergleichen, die auf einem hohen Verallgemeinerungsniveau formuliert sind, auch eher mit Skepsis zu begegnen ist, so lässt sich doch die These vertreten: „Obwohl die Institution Schule alles in allem freundlicher und einladender geworden ist, (zumindest in mancherlei Hinsicht), hat das verbreitete Bild von dieser Institution an Kraft und an positivem Wert verloren" (Kambouchner 2007, S. 628f.). Daraus wird für die Schule auf pädagogische Krisenphänomene geschlossen, die mit der Relativierung der modern-traditionalen Generationsvorstellungen und dem Abbau von Hierarchien zwischen Älteren und Jüngeren einhergehen (vgl. du Bois-Reymond 1998b, Winterhager-Schmid 2000a): Lehrer seien von den Wandlungen zwischen den Generationen besonders deutlich betroffen, „weil es zu ihrer professionellen Rolle gehört, Generationendifferenz zu verkörpern" (Wagner-Winterhager 1990, S. 462). Gleichzeitig seien sie aber durch diese Wandlungen auch in ihren eigenen Lehrerbildern verunsichert, was auch eine Schwächung der Lehrerautorität impliziere. Walter Hornstein befürchtet auf Seiten der Lehrer ein Ausweichen vor der Verkörperung von Generationendifferenz, „in eine Art der Beziehung, die so aussieht, als wären die Beteiligten gar nicht Angehörige verschiedener Generationen" (Hornstein 1999, S. 65). Sie versuchen sich den Schülern eher anzugleichen, was in „eine subtile Form der Verweigerung von Generationendifferenz" münde (Winterhager-Schmid 2000a, S. 19). Reichenbach (2007) spricht hier von einer „Krise der Krise der Autorität", die darin bestehe, sich von Verantwortung zu entlasten und diese dem Kind selbst zuzuschieben, so dass es zu einer Verschleierung und Maskierung pädagogischer Autorität komme.

Als Fazit dieser Diagnosen ist festzuhalten: Erstens erscheinen Schule und Lehrer konstitutiv auf Autorität angewiesen zu sein und die Schule geradezu für die Verkörperung der Autorität zwischen der älteren und der jüngeren Generation zu stehen. Zweitens geht gerade dies – als Ausdruck übergreifender Wandlungen der Generationsbeziehungen – verloren und gerät die pädagogische Lehrerautorität in eine tiefreichende Krise bzw. zerfällt. Und drittens führe dies dazu, dass es in einer „Krise der Krise der Lehrerautorität" dazu komme, dass diese Herausforderung umgangen und vor der pädagogischen Verantwortung ausgewichen werde, vor dem, was Hannah Arendt als die Spezifik der Lehrerautorität bestimmt: „Die Qualifikation des Lehrers besteht darin, dass er die Welt kennt und über sie belehren kann, aber seine Autorität beruht darauf, dass er für diese Welt die Verantwortung übernimmt. Gegenüber dem Kinde nimmt er gleichsam auf sich, die Erwachsenen zu repräsentieren, die ihm sagen und im einzelnen zeigen: Dies ist unsere Welt" (Arendt 2000b, S. 270).

II. Die Lehrerautorität – fragil und besonders störanfällig

In den skizzierten Diagnosen zur „Krise der Autorität" und zur „Krise der Krise der Autorität" wird der Begriff der Autorität oft selbstverständlich benutzt. Im Folgenden sollen daher (vgl. umfassender

Helmer/Kemper 2004, Brüggen 2007, Helsper u.a. 2007) knappe Bestimmungen zu Autorität und pädagogischer Lehrerautorität erfolgen. Autorität wird als eine spezifische Form der Macht verstanden (vgl. Sofsky/Paris 1994), auch wenn Hannah Arendt (2000a) gerade die Abwesenheit von direktem Zwang und offener Gewalt als Kennzeichen der Autorität fasst. Die Autorität ist durch die folgenden Punkte zu bestimmen (vgl. Sofsky/Paris 1994, Helsper u.a. 2007): 1. Sie ist interaktiv erzeugt und auf Anerkennung durch Andere verwiesen, die durch ihre Anerkennung die „Gabe" der Autorität erst verleihen. Indem sie abhängig von der Anerkennung durch Andere ist, bildet sie einerseits eine schwache Machtformation. Obwohl Autorität in Abhängigkeiten der Autoritätsperson von Anderen wurzelt, stellt sie 2. als anerkannte und legitimierte allerdings eine starke Machtform dar. Als „bejahte Abhängigkeit" (Horkheimer 1970) kann die Autorität gerade auf den offenen Einsatz von Zwang, Druck oder gar Gewalt verzichten, weil ihr die Gefolgschaft sicher ist. 3. Die Autorität verkörpert und repräsentiert zentrale Werte und Haltungen. Damit ist sie einerseits selbst daran gebunden, erfährt aber auch nur Anerkennung durch jene, die selbst an diesen Haltungen und Werten orientiert sind, die sie in der Autorität idealtypisch repräsentiert sehen. 4. Auch wenn Institutionen Autorität zugeschrieben werden kann – etwa dem obersten Gerichtshof – liegt Autorität personalisiert und verkörpert vor, auch wenn die Personen, denen Autorität gegeben wird und die sie repräsentieren, häufig nur aus der Ferne „gekannt" werden. Autorität als personalisierte aber verweist immer auf soziale Ordnungen: Die Person, die Autorität verkörpert, repräsentiert eine kulturelle Ordnung, für die sie steht und die durch sie gestärkt oder auch geschwächt werden kann, je nachdem, wie die Repräsentation dieser sozialen Ordnung gelingt. 5. Durch Autorität wird Hierarchie und Ungleichheit erzeugt. Denn die Autorität stellt etwas besser, idealer und vollkommener dar als andere, die darin unterlegen sind. Diese Komplementarität, die Überlegenheit und Unterlegenheit kann allerdings unterschiedlich deutliche Formen annehmen: Die Autorität kann sich in ihrer Überlegenheit rituell besonders unnahbar inszenieren und die „Anhänger" der Autorität können dieser mit Achtung, aber auch mit Demut bis hin zur Unterwürfigkeit begegnen. 6. Die Autorität darf allerdings nicht statisch verstanden werden, sondern ist in Interaktions- und Anerkennungsprozessen zu verorten: Sie entsteht, wird gegründet, reproduziert, kann sich reformieren, gerät in die Krise und auch an ihr Ende. Die Entstehung von Autoritäten ist als Ergebnis von Krisenlösungen zu verstehen (vgl. Oevermann 1991): Wenn eingeschliffene Handlungsroutinen und tradierte Institutionen in die Krise geraten, dann gelangen jene Akteure, die Krisenlösungen entwerfen, die Anerkennung finden und sich bewähren, zur Autorität, indem ihnen eine „Charismatisierung" von Krisenlösungsversprechen gelingt. Reproduziert, erneuert oder reformiert zeigen sich Autoritäten, wenn sie institutionalisiert und in kulturell tradierte Formen überführt worden sind – etwa charismatische Religionsstifter, deren Wirken schließlich in die Form institutionalisierter Kirchen mündet. An ihr Ende gelangen Autoritäten, wenn sie nicht erneuerungsfähig sind und ihre Werte keine Anhängerschaft mehr findet. Dabei kann die so entlegitimierte Autorität auch in Formen offener Gewalt und direkten Zwangs umschlagen, wenn der Anspruch der Überlegenheit und Macht, der mit der anerkannten Autorität verbunden war, aufrecht erhalten werden soll.

Diese Bestimmungen sind für die pädagogische Lehrerautorität zu konkretisieren: So wird 1. auch die Lehrerautorität in Anerkennungsbeziehungen erzeugt. Allerdings gilt für pädagogische Beziehungen eine Besonderheit: Sie sind strukturell bereits durch Ungleichheit gekennzeichnet. Kinder und Jugendliche treffen auf erwachsene Pädagogen, die mehr wissen, können und verstehen. Asymmetrie resultiert hier also zuerst nicht daraus, dass jemand als Autorität anerkannt wird, sondern aus dieser grundsätzlichen Komplementarität. Daraus aber zu folgern, dass damit naturwüchsig bereits die Zuschreibung von Autorität gegenüber Lehrpersonen durch Schüler gegeben ist, greift zu kurz. Vielmehr stellt sich die Anerkennung als pädagogische Autorität hier in einer doppelten Form. Zuerst einmal geht es um die Anerkennung dieser pädagogischen Asymmetrie: Dem Schüler muss ermöglicht werden überhaupt anzunehmen, dass er eines erwachsenen Anderen bedarf, um sein Wissen und sein Können weiter zu entwickeln. Das ist deswegen nicht selbstverständlich, weil damit immer die Anerkennung des Defizitären, des „Noch-nicht" verbunden ist. Etwas nicht zu können, zu wissen und zu begreifen hat auch etwas Demütigendes und Degradierendes. Dass dies ertragen werden kann, hängt davon ab, wie die pädagogischen Anderen den Schülern begegnen, ob sie dieses tendenziell Beschämende besonders deutlich zur Geltung bringen oder erträglich gestalten. Wenn dies gelingt, dann ist die Basis gegeben, dass Schüler ihre Lehrer als pädagogische Autorität anerkennen können. Ob und wie dies gelingt, ist wiederum davon abhängig, ob die konkreten Lehrkräfte ihr Wissen, ihre Kompetenzen und Fähigkeiten performativ überzeugend zur Geltung bringen können. Damit aber gilt es 2. zu klären, was denn der Wert bzw. die Haltung ist, die Lehrkräfte verkörpern bzw. die sie als Autorität ausweisen. Diese ist im Kern als Sachautorität zu kennzeichnen, die allerdings in der professionellen Wertbindung der Herausbildung psychosozialer Integrität in drei Formen vorliegt: Erstens stehen Lehrkräfte für ein Fach oder eine Disziplin: Sie müssen z. B. sehr gut Englisch sprechen, ein reiches Vokabelwissen besitzen, die Grammatik beherrschen, eine sehr gute Kenntnis englischsprachiger Literatur aufweisen etc. In diesem fachlichen Wissen unterscheiden sie sich allerdings nicht von anderen Berufen, etwa dem Übersetzer, dem Elektroingenieur oder Betriebswirt. Als pädagogische Autorität erscheinen sie zweitens erst dadurch, dass sie ihr Wissen gut vermitteln können, also anschaulich, interessant, nachvollziehbar und spannend für ihr Gegenüber Aneignungsmöglichkeiten eröffnen können. Lehrer können durch ihr umfassendes Wissen überzeugen und doch keine Anerkennung in ihrer Lehrerautorität erfahren, wenn sie dieses Wissen nicht auch zu vermitteln wissen. Die Sachautorität des Lehrers ist somit nur zum Teil als fachliche zu begreifen; denn die Sache des Lehrers ist im Kern eine pädagogisch vermittelnde. Und drittens geht es um die Vermittlung sozialer Beziehungen, normativer Orientierungen und Unterrichtsregeln – im Horizont universalistischer Gerechtigkeit – die gemeinsame Aneignungsprozesse gewährleisten. Lehrer mögen noch so viel wissen, noch so geschickt vermitteln und methodisch versiert präsentieren können: Wenn ihr Unterricht immer wieder zusammenbricht, dann scheitern sie in der Anerkennung ihrer Lehrerautorität. Für die Lehrerautorität gilt drittens, dass sie nur als personifizierte vorstellbar ist. Sie ist kaum durch das „Amt" gedeckt und abgeschirmt, sondern bedarf der ständigen, weitgehend ungeschützten, weil ständig in komplexen face-to-face-Interaktionen stattfindenden alltäglichen Bewährung. Die ständige Sichtbarkeit der Lehrperson in Verbindung mit der nur zum Teil möglichen Trennung der beruflichen Rolle von ihrer Individualität und Körperlichkeit machen die Darstellung der Autorität von Lehrkräften besonders störanfällig. Hinzu kommt viertens, dass sich Hierarchie nicht nur in Folge der pädagogischen Asymmetrie oder aus der Anerkennung der Autorität von Lehrkräften ergibt. Vielmehr ist die Schule als Zwangsveranstaltung (Schulpflicht) mit disziplinarischen Machtmitteln ausgestattet und von hoheitsstaatlichen Selektionsentscheidungen durchsetzt. Damit aber wird die „zwanglose" Anerkennung der Autorität von Lehrern schwieriger, weil sie bereits mit Mitteln symbolischer Gewalt ausgestattet sind (vgl. Bourdieu/Passeron 1973). Zugespitzt: Die Lehrkräfte scheinen immer schon als Autorität gesetzt zu sein (vgl. Helsper u.a. 2007, S. 58ff.). Hinsichtlich der Prozesshaftigkeit der Autorität gilt fünftens: Es ist ein Kennzeichen pädagogischer Autorität, dass sie nicht nur an ihr Ende kommen kann, sondern auf ihr Ende angelegt ist, ja, sich gerade in ihrer „Abdankung" vollendet. Je mehr sich Schüler in ihrem Wissen und Können den Lehrern nähern, um so weniger benötigen sie Lehrer. Wenn diese Bestimmung ernst genommen wird, dann kann pädagogische Autorität nie total sein. Denn bereits bei kleinen Kindern müssen jene Momente Anerkennung finden, die den Vorschein des Endes der Lehrerautorität ankündigen: der andere Wille, die spontanen Gesten, das Nein und die Gegenfrage.

Damit aber ist die pädagogische Autorität des Lehrers als eine besonders störanfällige und fragile zu kennzeichnen: Ihre zwanglose Anerkennung zu erzielen ist alles andere als leicht, sie zu erhalten ist angesichts der Dauerbeobachtung durch die Schüler, der sie ausgesetzt ist, und ihrer ständigen Präsenz in komplexen, schwer strukturierbaren Interaktionen mit den Schülern nicht einfach. Allzu schnell kommt es zum Zusammenbruch der Souveränität, zum Gesichtsverlust oder dem Entgleisen der Körperkontrolle. Sie ist mit Zwang und Gewalt verknüpft und eingefordert, so dass unklar bleibt, ob die Gewährung der Autorität durch die Schüler nicht auch strategisches Kalkül, ein „Als-Ob" ist. Und letztlich müssen Lehrkräfte gerade das fördern, was sie als pädagogische Autorität angreifbar und verletzbar werden lässt – den eigensinnigen Willen und die Autonomie des Schülers.

Welche Form besitzt nun die Lehrerautorität? Eher die auf ganze Lebensformen zielende charismatische Führerschaft, die auf ein Amt und seine Funktionen bezogene Amtsautorität, die um Sachkenntnis zentrierte Sachautorität oder die auf die Gestaltung sozialer Prozesse zentrierte Organisationsautorität (vgl. Weber 1985, Sofsky/ Paris 1994)? Obwohl Lehrer ein Amt bekleiden, sind sie kaum als Amtsautorität zu fassen. Ihr Amt ist dafür zu wenig abgeschirmt und rituell inszenierbar. Ihre Tätigkeit ist im Kern als personalisierte Sachautorität zu fassen, die ihre Sache in fachlichem Wissen, in pädagogischem Können und in der regelgenerierenden Kompetenz besitzt. Damit zählt sie eher zu den limitierten Formen der Autorität mit begrenzter Zuständigkeit und sachlich-rationaler Ausrichtung. In dem Maße wie der dritte Aspekt der moralischen, regelgenerierenden Zuständigkeit mit starken Erziehungsansprüchen gegenüber den Schülern betont wird, gewinnt sie in spezifischen Schulkulturen (vgl. Helsper 2008, 2009, Helsper u.a. 2001, 2009) und im Rahmen pädagogischer Heilsideen auch eine entgrenzte Form, die sie in die Nähe charismatischer Führungsansprüche rücken kann. Ihre Achillesferse hat die Lehrerautorität als Organisationsautorität: In der ständigen Herausforderung den Unterricht zu erhalten – auch als „Klassenführung" gefasst (vgl. Kounin 2006, Helmke 2003) – sind Lehrer mit der komplexen Interaktionsdynamik in Schulklassen und dem Eigensinn der Peerkultur und der unterrichtlichen Praxis konfrontiert (vgl. Breidenstein 2006). Der Umgang mit Krisen, Störungen und der Peerkommunikation lässt die Organisationsautorität zum wunden Punkt des Lehrers werden, weil hier – jenseits idealer Ansprüche – die Banalität des alltäglichen Scheiterns droht.

	weit		
II			III
	z.B. der spitituelle Meister und Lehrer	z.B. der Waldorf- klassenlehrer	
gewährt			gefordert
	z.B. die virtuose Klavierlehrerin	z.B. der gymnasiale Mathematiklehrer	
I			IV
	eng		

Die pädagogische Lehrerautorität ist damit zwischen zwei Polen aufzuspannen: Einen Pol bildet die charismatische Lehrerautorität, den anderen die funktionsorientierte Sachautorität. Im obigen Schema kann das Feld der Lehrerautorität entlang der Begrenzung oder Entgrenzung und entlang der interaktionsbasierten Anerkennung „vermessen" werden. Idealtypisch lassen sich die vier Felder folgendermaßen besetzen:

Feld I: Es beinhaltet jene Formen pädagogischer Autorität, die limitiert sind, also für spezifische, begrenzte Sachbezüge stehen und die auf freiwilliger Basis von Seiten der Klientel Anerkennung finden und „gewährt" bzw. gegeben werden – etwa der passionierte, hervorragende Reitlehrer, die technisch brillante Fußballtrainerin, die virtuose Klavierlehrerin mit eigenen, vielbeachteten Auftritten oder der hervorragende Kletterer als Leiter eines Kletterkurses.

Feld II: Wenn die in Feld I skizzierten exzellenten Könner in einem limitierten Sachbereich zugleich zu Vorbildern hinsichtlich der Lebensführung und Lebenshaltung werden, dann können sie eine umfassendere Bedeutung gewinnen. Idealtypisch ist diese Form pädagogischer Autorität bei charismatischen Führungsakteuren in sozialen, politischen oder religiös-weltanschaulichen Protest- und Erneuerungsbewegungen zu finden, die hinsichtlich der Lebensführung, Heilssuche und grundlegender Sinnorientierungen als Meister und Lehrer des richtigen Lebens fungieren können.

Feld III: Im Unterschied zu den Feldern I und II liegen im Feld III Varianten pädagogischer Autorität vor, die einerseits durch einen weiten Anspruch gekennzeichnet sind und andererseits gesetzt und eingefordert werden. Diese Formen pädagogischer Autorität sind für institutionalisierte Zusammenhänge, z.B. Schulkulturen charakteristisch, die durch umfassende Bildungsansprüche gekennzeichnet sind, etwa Internatsschulen oder reformpädagogische Schulen mit umfassenden Erziehungsansprüchen. Diese Formen der Lehrerautorität sind besonders prekär, weil sich hier gesetzte und eingeforderte Autoritätsansprüche mit einem entgrenzten und nicht limitierten Autoritätsverständnis als umfassendes Vorbild und als Führungs- und Leitfigur verbinden.

Feld IV: Hier stoßen wir ebenfalls auf institutionell gesetzte und eingeforderte Formen der Lehrerautorität, für die nicht die zwanglose Gabe der Autorität die Grundlage der Anerkennung der pädagogischen Autorität ist, sondern die Konfrontation mit einer gesetzten Position. In diesem Fall liegen allerdings keine „weiten" Fassungen und Konstrukte der Lehrerautorität vor, sondern diese ist in mehr oder weniger deutlich limitierten, auf spezifische Inhalte, Fächer und Sachhaltigkeit begrenzten Formen gesetzt: etwa der Mathematik- oder Englischlehrer in Leistungskursen des Gymnasiums.

III. Entgrenzte Lehrerautorität und ihre Ambivalenzen – Beispiele und Einblicke

Die im ersten Abschnitt skizzierten Diagnosen zur Krise der pädagogischen Autorität und der „Krise dieser Krise" bedürfen einer empirischen Differenzierung. Denn diese epochalen Zeitdiagnosen sind nicht nur auf einem hohen Generalisierungsniveau formuliert, sondern sie müssen auch als Zusammenspiel von Strukturierung und Akteuren verstanden werden: Erstens sind die kulturellen Modernisierungen nicht überall gleich gerichtet, gleich stark, sondern es ergeben sich je nach institutionellen, regionalen und milieuspezifischen Konstellationen Unterschiede. Zweitens sind Institutionen und Professionen nicht einfach nur durch diese Modernisierungen „getroffen", sondern sie können ihrerseits unterschiedliche „Antworten" geben, die diesen Modernisierungsrichtungen auch entgegengesetzt sein können (vgl. Berger/Berger/Kellner 1987, Ziehe 1985). Und drittens können die konkreten pädagogischen Akteure, insbesondere auch die Schüler, sich dazu höchst unterschiedlich positionieren, etwa zwischen der Suche nach und der Annahme dieser „Antworten" bis hin zu Ablehnung, Kritik und Opposition.

Im Folgenden werden, ausgehend von einer Reihe von empirischen Schulstudien aus dem letzten Jahrzehnt (vgl. Helsper u.a. 2001, 2006, 2007, 2009), unterschiedliche Konstellationen und Formen der Lehrerautorität skizziert. Dabei gilt die besondere Aufmerksamkeit dem oben skizzierten Feld III, also jenen Schulkulturen, die – gerade gegen die Modernisierungsdiagnosen eines pädagogischen Autoritätsverlustes und eines Ausweichens der Lehrer gegenüber der Anforderung, als verantwortungsvolle professionelle Pädagogen die Position der Generationsdifferenz auszufüllen – die umfassende Verantwortlichkeit und Zuständigkeit der Lehrer reklamieren und diese als Vorbild, Anwalt und signifikanten Anderen der Schüler entwerfen. Dies geschieht in Formen der Orientierung an der Individualität und emotionalen Bedürftigkeit der Schüler (vgl. Hummrich/Helsper 2004, Rabenstein 2007, Kolbe u.a. 2009, Helsper u.a. 2009), der Konstruktion der prinzipiellen Angewiesenheit von Schülern auf haltgebende pädagogische Leitfiguren, Vorbilder und Orientierung gebende Führung etwa in Waldorfschulen (vgl. Ullrich 1991, Idel 2007, Helsper u.a. 2007, Graßhoff 2008) oder der Konstruktion einer starken Generationsdifferenz, in der die Pädagogen als Vertreter von Verantwortungsübernahme, Selbstdisziplin und höchsten Anforderungen gegenüber den Jüngeren erscheinen, wie sich etwa an Buebs Stilisierungen (vgl. Bueb 2006) zur Internatsschule Schloss Salem zeigen lässt (vgl. auch Kalthoff 1997, Böhme 2000, Helsper u.a. 2009).

So entwirft sich etwa ein Waldorfklassenlehrer in einem umfassenden, weiten Sinne als „geistiger Menschheitsführer" und damit als charismatische Lehrerautorität, die den Schülern Leitbild, Wegweiser und Führer ist (vgl. Helsper u.a. 2007, S. 299ff.). Dieser gesetzte unlimitierte Autoritätsanspruch führt auf Seiten der ca. vierzehnjährigen Schüller zu ganz unterschiedlichen Formen der Anerkennung, der Auseinandersetzung bzw. der Negation dieses Autoritätsanspruchs. Eine umfassende reziproke Anerkennung findet sich zwischen diesem Waldorfklassenlehrer und dem Schüler Jonas, die dem Muster einer Meister-Schüler-Beziehung entspricht (ebd. S. 336ff.). Der umfassend an philosophischen Fragen und der Anthroposophie interessierte Schüler Jonas findet im Klassenlehrer einen optimalen erwachsenen Gesprächspartner, der ihm hinsichtlich seiner grundlegenden Fragen nach dem Lebenssinn und einer anthroposophischen Lebensführung Rede und Antwort steht, mit ihm auch außerhalb des Unterrichts über philosophische und religiöse Fragen spricht und damit für Jonas den von ihm gesuchten philosophisch-anthroposophischen Meister und Menschheitsführer repräsentiert. Diese eingeforderte unlimitierte Klassenlehrerautorität kann also auch unter diesen Bedingungen zur zwanglosen Anerkennung führen, wenn sie auf einer habituellen Passung zwischen Lehrer und Schüler aufruht, so dass der Schüler seinen Meister und der sich als Menschheitsführer entwerfende Lehrer seinen „Meisterschüler" zu finden vermag (vgl. zu einer ähnlichen Konstellation Graßhoff 2008, S. 54ff.). Diese ideale Meister-Schüler-Dyade weist aber bereits Fermente ihrer beginnenden Transformation auf, etwa wenn der Schüler Jonas vom Klassenlehrer als noch defizitär, ungefestigt und seiner Leitung weiterhin bedürftig konstruiert wird, während aus Sicht des Schülers bereits Ansätze einer Relativierung und Kritik des Meisteranspruchs auftauchen, den der Schüler aber – um den Klassenlehrer nicht zu kränken – mit „pädagogischem Takt" maskiert.

Strukturell analog, im Ergebnis jedoch diametral entgegengesetzt, gestaltet sich die Klassenlehrer-Schüler-Beziehung für die Schülerin Therese (vgl. ebd. S. 413ff.). Auch sie ist auf der Suche nach einer Lebensorientierung und Haltgebung auf das umfassende Autoritäts- und Vorbildversprechen des Klassenlehrers bezogen. Im Unterschied zum Schüler Jonas erfährt sie aber eine Zurückweisung, die bei ihr deswegen zu einer fundamentalen Enttäuschung und zu einem weitgehenden Rückzug aus der Kommunikation mit dem Klassenlehrer führt, weil sie sich um das Versprechen einer Halt gebenden Autorität betrogen sieht, während dies anderen in der Klasse gewährt wird. So wird der umfassende Autoritätsanspruch des Klassenlehrers nicht negiert, aber in seiner Relevanz für ihre Person verneint: Es ist „nich so mein Klassenlehrer" (ebd. S. 418).

Bei anderen Schülerinnen aus dieser Klasse führt gerade der unlimitierte Autoritätsanspruch des Klassenlehrers zu heftigen Auseinandersetzungen, zu Zurückweisungen und grundlegenden Anerkennungs- und Dominanzkämpfen (vgl. ebd. S. 355ff.). Für die Schülerin Lydia, die lebensthematisch durch die biographische Erfahrung von Fremdbestimmung und Dominanz in ihrer zerbrochenen Herkunftsfamilie gekennzeichnet ist, resultiert aus dem umfassenden, dominant vorgetragenen Vorbild- und Führungsanspruch des Klassenlehrers eine starke Provokation. Sie erfährt – biographisch aufgeladen – den fremd gesetzten Anspruch von Seiten des Klassenlehrers wissen und bestimmen zu können, was das richtige und gute Leben für sie sei, als Übergriff und Verletzung ihrer Autonomie. In Folge dieser eingeforderten, umfassenden Führungs- und Vorbildautorität des Lehrers kommt es im Unterricht immer wieder zu Anerkennungskämpfen um Dominanz und situative Macht: Der Schülerin Lydia gelingt es wiederholt durch spielerische Provokation, Situationskomik, Witz und geschickte Dominanzmanöver (vgl. Volmer 1990), den Klassenlehrer zu überraschen, sprachlos zu machen und ihn spielerisch vorzuführen, sodass ihm das Unterrichtsgeschehen entgleitet und er um Fassung ringen muss. Darin wird sein umfassender Führungs- und Autoritätsanspruch situativ demontiert, indem er in diesen Momenten hilflos erscheint. Bei anderen Schülern der Klasse nimmt dies noch deutlichere Formen an, denn sie kämpfen mit dem Klassenlehrer nicht mehr um situative Definitionsmacht, sondern weisen – vor dem Hintergrund eigener Sinnentwürfe und Lebensorientierungen – den umfassenden Autoritätsanspruch definitiv zurück.

Am Beispiel anderer Waldorfklassenlehrer lassen sich weitere Strukturvarianten einer unlimitierten Autoritätssetzung von Lehrern verdeutlichen (vgl. ebd. S. 137ff., 231ff., Graßhoff 2008, S. 106ff.): Im Zuge frühadoleszenter Individuationsprozesse beginnen Schülerinnen und Schüler – und gerade auch solche, die in den ersten Schuljahren eine besonders große Anhänglichkeit und Anlehnung gegenüber den Klassenlehrern zeigten – ihre eigenen Wege zu gehen, eigene grundlegende und vom Klassenlehrer deutlich divergierende Habitusfigurationen zu entwickeln, sich zurückzuziehen und sich zu distanzieren. Dies deuten die Klassenlehrer zum Teil als persönliche Zurückweisung bzw. Infragestellung und es gelingt ihnen nur unzureichend, dies als prozesshafte Entwicklung zu reflektieren und ihre emotionalen Reaktionen darauf in einer distanziert-reflexiven professionellen Haltung zu begrenzen. Vielmehr führt dies zum Teil zu Stigmatisierungen, Sündenbock-Konstruktionen und Missachtungen dieser Schüler, die als eine sekundäre, übergriffshafte Entgrenzung des Lehrerhandelns infolge der Infragestellung ihres unlimitierten Autoritätsanspruches durch die Schüler zu verstehen ist. Darin zeigt sich, dass gerade unlimitierte und eingeforderte Konstrukte der Lehrerautorität auch dazu tendieren, bei ihrer Infragestellung und Zurückweisung in deprofessionalisierte, emotionalisiert-missachtende und persönlich aufgeladene Haltungen gegenüber Schülern umzuschlagen.

In einer reformpädagogisch orientierten Gesamtschule erscheinen die Lehrer einerseits als Vorbild in Sachen Kritikfähigkeit, Mut zum Widerspruch und einer ökologischen Lebensführung und werden zugleich – vor dem Hintergrund einer deutlichen Kritik der Familien und ihrer Erziehungshaltungen (vgl. Hummrich/Helsper 2004, Helsper u.a. 2009) – als emotional sorgende, haltgebende sowie die Eigenverantwortlichkeit und Autonomie ihrer Schüler achtende Pädagogen entworfen. Hier stoßen wir auf eine Variante dieser weiten, gesetzten Lehrerautorität, die aus der Gleichzeitigkeit der Ansprüche resultiert, einerseits emotional haltgebendes Vorbild und andererseits die Autonomie der Schüler maximal achtende Lehrperson zu sein: Lehrer schwanken mitunter zwischen einer – nahezu aufdringlichen – ökologischen Erziehung ihrer Schüler, in der sie diese in ihren Fähigkeiten und Kenntnissen eher unterschätzen, und der Eröffnung von Spiel- und Entscheidungsräumen, in denen klare inhaltliche Positionen der Lehrer gefordert wären. So eröffnet der Deutschlehrer in der inhaltlichen Diskussion während der Partnerarbeit mit einer Schülerin, die stark um Individualität ringt, dieser Spielräume und Eigenentscheidungen in der Groß- und Kleinschreibung, die durch die neue Rechtschreibung allerdings eindeutig geregelt sind (vgl. Helsper u.a. a. 2009). Orientiert am Autonomieideal weicht dieser Lehrer zwar nicht – wie in den oben skizzierten Diagnosen (vgl. Kap. 1) – vor der Übernahme der sachhaltigen Verantwortung gegenüber den Schülern aus. Aber er suggeriert – um die Autonomie der Schüler zu stärken – Möglichkeiten der Aushandlung, wo klare Regelsetzung herrscht, und arbeitet damit an der Erzeugung von „Illusionen der Autonomie" (vgl. Meyer-Drawe 1990).

In einer Hauptschule, in der die Schülerschaft als eine emotional äußerst bedürftige, auf Halt und Fürsorge der Lehrkräfte angewiesene konstruiert wird (vgl. für Ganztagsschulen Kolbe u.a. 2009), werden die Lehrer als umfassend emotional Halt gebende Pädagogen entworfen, die Jugendliche durch ihre emotionale Anerkennung überhaupt erst zu „Schülern zu machen" vermögen und ihnen Aufwertung an einem gesellschaftlich abgewerteten Bildungsort eröffnen (vgl. Helsper/Wiezorek 2006, Wiezorek 2006). Diese pädagogische Haltung einer Klassenlehrerin trifft nun – neben Jugendlichen, die diese Bedürftigkeitskonstruktion zurückweisen – auf Schüler, die diese emotionale Haltgebung und Fürsorge suchen, ihrer Klassenlehrerin umfassendes Vertrauen geben, sie zu ihrer lebenspraktischen Ratgeberin küren und ihr darüber umfassende Autorität zusprechen. Dieses Zusammenspiel – auf Grund der Passung zwischen einer pädagogisch habitualisierten Haltung der emotionalen Sorge und der emotionalen Anerkennungsbedürftigkeit und Haltsuche auf Seiten Jugendlicher – erzeugt allerdings innerschulische Ambivalenzen: So führt diese umfassende Gabe der Autorität, mit der die Schülerin Alina der Klassenlehrerin die Bedeutung einer signifikanten, nahezu unersetzbaren Lebensberaterin und Wegweiserin für sie gibt, dazu, dass sie eine starke Abhängigkeit entwickelt. Sie kann sich nicht vorstellen, am Ende des 9. Schuljahres in die Realschulabschlussklasse zu wechseln, die für sie ja weitere Bildungsoptionen und Verselbständigungsmöglichkeiten eröffnet, weil die Klassenlehrerin diese Klasse nicht übernimmt. Sie will in ihrer Klasse bleiben, auch wenn damit ihre schulischen Bildungsoptionen deutlich begrenzt werden (vgl. Wiezorek 2007).

Die skizzierten Beispiele zum Feld III der Lehrerautorität (vgl. Kap. 2) beanspruchen nicht, alle möglichen Strukturvarianten dieser starken, unlimitierten und gesetzten Lehrerautorität auszudifferenzieren. Die Beispiele sollte vielmehr dafür sensibilisieren, dass es innerschulisch dieses Feld III der Lehrerautorität tatsächlich gibt und dass Schulen und Lehrkräfte entgegen den Zeitdiagnosen einer Krise der Autorität oder des Ausweichens vor Autorität gerade starke pädagogische Autoritätskonstruktionen errichten können. Zugleich können die Beispiele verdeutlichen, dass sich mit der eingeforderten bzw. gesetzten und zugleich unlimitierten Lehrerautorität besonders fragile und antinomische Figurationen der pädagogischen Autorität ergeben: Auch wenn sich Formen reziproker Anerkennung in diesem Feld III der Lehrerautorität empirisch finden (vgl. die Fälle Jonas-Klassenlehrer, Alina-Klassenlehrerin), lässt sich doch eine besondere Anfälligkeit dieser unlimitierten, eingeforderten Lehrerautorität für Verstrickungen in die Antinomien von Autonomie und Heteronomie sowie von Nähe und Distanz herausarbeiten (vgl. Helsper 2004, Helsper u.a. 2007).

Literatur

Adorno, Th. W. (1969): Tabus über dem Lehrberuf. In: Adorno, Th. W.: Erziehung zur Mündigkeit. Frankfurt a. M., S. 70-88.
Arendt, H. (2000a): Was ist Autorität? In: Arendt, H.: Zwischen Vergangenheit und Zukunft. Übungen im politischen Denken 1. München/Zürich, S. 159-201.

Arendt, H. (2000b): Die Krise in der Erziehung. In: Arendt, H.: Zwischen Vergangenheit und Zukunft. Übungen im politischen Denken 1, S. 255-277.

Berger, /Berger, /Kellner, H. (19): Das Unbehagen in der Modernität. Frankfurt a. M./New York.

Böhme, J. (2000): Schulmythen und ihre imaginäre Verbürgung durch oppositionelle Schüler. Bad Heilbrunn.

Bourdieu, P. (2002): Ein soziologischer Selbstversuch. Frankfurt a. M.

Bourdieu, P./Passeron, J. (1973) : Grundlagen einer Theorie der symbolischen Gewalt. Frankfurt a. M.

Breidenstein, G. (2006): Teilnahme am Unterricht. Ethnographische Studien zum Schülerjob. Wiesbaden.

Brüggen, F. (2007): Autorität, pädagogisch. In: Zeitschrift für Pädagogik 53, H. 5, S. 602-615.

Büchner, P. (1996): Das Kind als Schülerin oder Schüler. Über die gesellschaftliche Wahrnehmung der Kindheit als Schulkindheit und damit verbundene Forschungsprobleme. In: Zeiher, H./Büchner, P./Zinnecker, J. (Hrsg.): Kinder als Außenseiter? Weinheim/München, S. 157-189.

Büchner, P. (2006): Generation und Generationsverhältnisse. In: Krüger, H. H./Helsper, W. (Hrsg.): Einführung in Grundbegriffe und Grundfragen der Erziehungswissenschaft. 7. durchgesehene und aktualisierte Ausgabe. Opladen, S. 253-263.

Bueb, B. (2006): Lob der Disziplin. Eine Streitschrift. Berlin.

Du Bois-Reymond, M. (1998a): Der Verhandlungshaushalt im Modernisierungsprozess. In: Büchner, P. u.a.: Teenie-Welten. Aufwachsen in drei europäischen Regionen. Opladen, S. 83-113.

Du Bois-Reymond, M. (1998b): Aura und Modernisierung der Schule. In: Keuffer, J. u.a. (Hrsg.): Schulkultur als Gestaltungsaufgabe. Weinheim, S. 326-337.

Fend, H. (1998): Qualität im Bildungswesen. Weinheim/München.

Fend, H. (2006): Neue Theorie der Schule. Wiesbaden.

Graßhoff, G. (2008): Zwischen Familie und Klassenlehrer. Pädagogische Generationsbeziehungen jugendlicher Waldorfschüler. Wiesbaden.

Helmer, H./Kemper, M (2004): Autorität. In: Benner, D./Oelkers, J. (Hrsg.): Historisches Wörterbuch der Pädagogik. Weinheim, S. 126-145.

Helmke, A. (2003): Unterrichtsqualität. Seelze.

Helsper, W. (2004): Antinomien, Widersprüche, Paradoxien: Lehrerarbeit – ein unmögliches Geschäft? Eine strukturtheoretisch-rekonstruktive Perspektive auf das Lehrerhandeln. In: Koch-Priewe, B./Kolbe, F. U./Wildt, J. (Hrsg.) (2004): Grundlagenforschung und mikrodidaktische Reformansätze zur Lehrerbildung. Bad Heilbrunn, S. 49-99.

Helsper, W. (2008): Schulkulturen – die Schule als symbolische Sinnordnung. In: Zeitschrift für Pädagogik 54, H. 1, S.63-81.

Helsper, W. (2009): Schulkultur und Milieu – Schulen als symbolische Ordnungen pädagogischen Sinns. In: Melzer, W./Tippelt, R. (Hrsg.): Kulturen der Bildung. Opladen, S. 155-177.

Helsper, W./Böhme, J./Kramer, R. T./Lingkost, A. (2001): Schulkultur und Schulmythos. Gymnasien im Transformationsprozess zwischen exklusiver Bildung und höherer Volksschule. Rekonstruktionen zur Schulkultur I. Opladen.

Helsper, W./Wiezorek, C. (2006): Zwischen Leistungsforderung und Fürsorge. Perspektiven der Hauptschule im Dilemma von Fachunterricht und Unterstützung. In: Die Deutsche Schule 98, H. 4, S. 436-456.

Helsper, W./Krüger, H. H./Fritzsche, S./Sandring, S./Wiezorek, C./Böhm-Kapser, O./Pfaff, N. (2006): Unpolitische Jugend? Eine Studie zum Verhältnis von Schule, Anerkennung und Politik. Wiesbaden.

Helsper, W./Ullrich, H./Stelmaszyk, B./Graßhoff, G./Höblich, D./Jung, D. (2007): Autorität und Schule. Die empirische Rekonstruktion der Klassenlehrer-Schüler-Beziehung an Waldorfschulen. Wiesbaden.

Helsper, W./Kramer, R. T./Hummrich, M./Busse, S. (2009): Jugendliche zwischen Familie und Schule. Eine Studie zu pädagogischen Generationsbeziehungen. Wiesbaden.

Horkheimer, M. (1970): Autorität und Familie. In: Horkheimer, M.: Traditionelle und kritische Theorie. Vier Aufsätze. Frankfurt a. M., S. 162-231.

Hornstein, W. (1990): Aufwachsen mit Widersprüchen – Jugendsituation und Schule heute. Stuttgart.

Hummrich, M./Helsper, W. (2004): „Familie geht zur Schule": Schule als Familienerzieher und die Einschließung der familiären Generationsbeziehungen in eine schulische Generationsordnung. In: Ullrich, H./Idel, T. B./Kunze, K. (Hrsg.): Das Andere erforschen. Empirische Impulse aus Reform- und Alternativschulen. Wiesbaden, S.235-249.

Idel, T. S. (2007): Waldorfschule und Schülerbiographie. Fallrekonstruktionen zur lebensgeschichtlichen Relevanz anthroposophischer Schulkultur. Wiesbaden.

Kalthoff, H. (1997): Wohlerzogenheit. Eine Ethnographie deutsche Internatsschulen. Frankfurt a. M./New York.

Kambouchner, D. (2007): Pädagogische Autorität und die Sinnkrise des schulischen Lernens. In: Zeitschrift für Pädagogik 53, H. 5, S. 626-639.

Kerschensteiner, G. (1927): Autorität und Freiheit als Bildungsgrundsätze. Leipzig.

Kolbe, F. U./Reh, S./Fritzsche, B./Idel, T. B./Rabenstein, K. (Hrsg.) (2009): Ganztagsschule als symbolische Konstruktion. Fallanalysen zu Legitimationsdiskursen in schultheoretischer Perspektive. Wiesbaden.

Kounin, J. S. (2006): Techniken der Klassenführung. Münster.

Meyer-Drawe, K. (1990): Illusionen von Autonomie. Diesseits von Ohnmacht und Allmacht des Ichs. München.

Nohl, H. (19988): Die pädagogische Bewegung in Deutschland und ihre Theorie. Frankfurt a. M.

Oevermann, U. (1991): Genetischer Strukturalismus und das sozialwissenschaftliche Problem der Erklärung der Entstehung des Neuen. In: Müller-Doohm, S. (Hrsg.): Jenseits der Utopie. Frankfurt a. M., S. 267-339.

Rabenstein, K. (2007): Das Leitbild des selbständigen Schülers. Machtpraktiken und Subjektivierungsweisen in der pädagogischen Reformsemantik. In: Rabenstein, K./Reh, S. (Hrsg.): Kooperatives und selbständiges Arbeiten von Schülern. Zur Qualitätsentwicklung von Unterricht. Wiesbaden, S. 39-61.

Reichenbach, R. (2007): Kaschierte Dominanz – leichte Unterwerfung. Bemerkungen zur Subtilisierung pädagogischer Autorität. In Zeitschrift für Pädagogik 53, H. 5, S. 651-660.

Sofsky, W./Paris, R. (1994): Figurationen sozialer Macht. Autorität – Stellvertretung – Koalition. Frankfurt a. M.

Ullrich, H. (1991): Waldorfpädagogik und okkulte Weltanschauung. Eine bildungsphilosophische Auseinandersetzung mit der Weltanschauung Rudolf Steiners. 3. Auflage. Weinheim/München.

Volmer, G. (1990): Autorität und Erziehung. Studien zur Komplementarität in pädagogischen Interaktionen. Weinheim.

Wagner-Winterhager, L. (1990): Jugendliche Ablösungsprozesse im Wandel des Generationsverhältnisses. Auswirkungen auf die Schule. In: Die Deutsche Schule 82, H. 4, S. 452-465.

Weber, M. (1985): Wirtschaft und Gesellschaft. Tübingen.

Wiezorek, C. (2006): Die Schulklasse als heimatlicher Raum und als Ort der Einübung demokratischer Haltungen. In: Helsper, W. u.a.: Unpolitische Jugend? Eine Studie zum Verhältnis von Schule, Anerkennung und Politik. Wiesbaden, S. 259-292.

Wiezorek, C. (2007): Bildungsentscheidungen und biographische Hintergründe von Hauptschülern. In: Kahlert, H./Mansel, J. (Hrsg.): Bildung und Berufsorientierung. Der Einfluss von Schule und informellen Kontexten auf die berufliche Identitätsentwicklung. Weinheim/München, S. 101-119.

Winkler, M. (1998): Friedrich Schleiermacher reviseted. Gelegentliche Gedanken über Generationsverhältnisse in pädagogischer Hinsicht. In: Ecarius, J. (Hrsg.): Was will die jüngere mit der älteren Generation? Opladen, S. 115-139.

Winterhager-Schmid, L. (2000a): Erfahrungen mit Generationendifferenz. Weinheim.

Ziehe, T. (1985): Vorwärts in die fünfziger Jahre. Lebensentwürfe Jugendlicher im Spannungsfeld von Postmoderne und Neokonservatismus. In: Baacke, D./Heitmeyer, W. (Hrsg.): Neue Widersprüche. Jugendliche in den achtziger Jahren. Weinheim/München, S. 199-217.

Ziehe, T./Stubenrauch, H. (1982): Plädoyer für ungewöhnliches Lernen. Reinbek.

Zwischen Zwang und Freiheit:
Der leere Platz der Autorität

MICHAEL WIMMER

> Vademecum – Vadetecum
> Es lockt dich meine Art und Sprach,
> Du folgst mir, du gehst mir nach?
> Geh nur dir selber treulich nach: –
> So folgst du mir – gemach! gemach!
>
> (Nietzsche 1976, 292)

I. Grundlosigkeit

Freiheit, Gleichheit, Selbstbestimmung sind zentrale Werte moderner Gesellschaften, die auch für das Selbstverständnis der Individuen und ihre sozialen Beziehungen grundlegend sind. Egalitäre Interaktions- und symmetrische Kommunikationsverhältnisse gelten daher als Maßstab und Ziel aller Sozialbeziehungen, wohingegen Zwang, Ungleichheit und Fremdbestimmung als unvereinbare Gegensätze zu einer aufgeklärten, freien und demokratischen Gesellschaft erscheinen. Freiheit und Zwang, Gleichheit und Verschiedenheit, Selbst- und Fremdbestimmung schließen sich daher wechselseitig aus. Doch gibt es Phänomene, die dieser Logik nicht entsprechen und in denen beide Seiten gleichzeitig am Werk zu sein scheinen, wie z.B. in Formen eines freiwilligen Gehorsams, einer anbetenden Wertschätzung eines anderen oder im moralischen Handeln, in dem man die Macht eines Gesetzes achtet oder in Form einer einsichtigen Gefolgschaft einer äußeren Instanz oder dem Gewissen folgt (Veit u.a. 1971, 728). Eine solche Beziehung, in der die Überlegenheit des anderen vom Unterlegenen fraglos anerkannt wird, nennt man eine Autoritätsbeziehung, in der jener von diesem im Handlungsbereich Gehorsam und in Wissensangelegenheiten Glauben erwarten kann, ohne Zwangs- oder Gewaltmittel einsetzen zu müssen.

Autoritätsbeziehungen beruhen auf Anerkennungsverhältnissen (Sofsky/Paris 1994), wobei nicht nur Personen Autorität zukommen kann, sondern auch einer Institution, einem Verbot oder einem Gebot, einem Buch, einem Wissen oder einer Sichtweise, einer Erfahrung, einer Erzählung, einer Theorie oder einem Namen. Aus der Perspektive desjenigen, der mit ihr in Berührung kommt, ließe sich Autorität als eine gewisse Kraft beschreiben, die ihre Wirkungen sowohl in der affektiven Erlebensqualität desjenigen entfaltet, was erfahren wird, als auch in der kognitiven Rezeptionsweise, der Bewertung und Beurteilung des jeweiligen Inhalts der Wahrnehmung, Information oder Erfahrung. Ob man jemandem glaubt oder nicht, ob etwas eine Bedeutung für jemanden erhält oder nicht, ob ein Verbot oder Gebot für jemanden verbindlich wird oder ist, ob etwas gültig ist oder eine bloß mögliche Meinung, all das lässt sich als bedingt durch Autorität beschreiben.

Im alltäglichen Leben weiß man in der Regel, wem man glauben und vertrauen und wen man als eine Autorität anerkennen kann. Ein Arzt, ein Lehrer, ein Vorgesetzter oder ein Politiker[1] kann für uns eine Autorität darstellen aufgrund seines Wissens, Könnens, seiner Stellung, seiner Entscheidungskompetenzen oder Führungsqualitäten oder auch wegen seiner Ausstrahlung, seiner Aura oder seines Charismas (Weber 1988, 475ff). So können wir problemlos z.B. Ärzte, denen wir vertrauen, von solchen unterscheiden, die zweifellos kompetent sein mögen, aber dennoch für uns keine Autorität darstellen, oder Lehrer, denen wir gefolgt sind und deren Unterricht für uns bedeutsam war, von solchen Lehrern, die zwar ein hohes Fachwissen gehabt haben mögen und zudem eine große methodische und unterrichtstechnologische Kompetenz, die jedoch nicht als Autoritäten galten, die unser Interesse wecken, uns mit ihrem Wissen überzeugen und uns zum Lernen anregen konnten.

Diese lebenspraktische Gewissheit wird jedoch schon durch den alltäglichen Sprachgebrauch zweifelhaft, zeigen sich doch in der Verwendung des Begriffs Autorität Unsicherheiten und Mehrdeutigkeiten. So sagt man einmal, jemand habe Autorität, ein anderes Mal, er sei eine Autorität, und ein weiteres Mal, er stelle eine Autorität dar. Doch nicht genug damit, dass dabei wesentliche Unterschiede völlig unklar bleiben – denn es ist sicher nicht dasselbe, ob man Autorität als eine Eigenschaft begreift, die man haben kann,

---

[1] Selbstverständlich sind damit auch Ärztinnen, Lehrerinnen, weibliche Vorgesetzte und Politikerinnen gemeint. Aus Lesbarkeitsgründen werden jedoch nicht immer beide sprachliche Formen genannt.

oder als eine Wesensbestimmung einer Person oder als etwas, das man nur darstellt, ohne es zu sein oder zu haben – auch das Verhältnis zu denjenigen, die man als Autoritäten ansieht, und auch das Selbstverständnis der Autoritätspersonen selbst werden von diesen sprachlichen Unschärfen betroffen. Ob jemand den Grund für die Autorität, die er genießt, in sich selbst hat oder ob er sie verliehen bekommt, ob man sie wie eine Kompetenz erwerben kann oder ob man sie gar nicht *haben* kann, ob Autorität beansprucht werden oder jemandem nur zufallen kann, diese alternativen Möglichkeiten bleiben ebenso unentschieden wie die umgekehrte Frage, ob man einer Autorität deshalb gehorcht, ihr folgt und sich ihr freiwillig unterordnet, weil es sie unabhängig von einem und schon vorher gibt, oder ob die Autoritätsperson erst durch den Akt der Anerkennung zu einer solchen wird. Dann hätte die Autorität ihren Grund außer sich selbst, z.B. in demjenigen, der sie als Autorität anerkennt. Sie wäre abhängig von demjenigen, der von ihr abhängt, vom Gehorchenden, ohne dass man aber sagen könnte, dieser hätte sie vorher gehabt und hätte sie dann weitergegeben, denn in gewisser Weise wird der Gehorchende zum Akt der Anerkennung genötigt, auch wenn Anerkennung nicht erzwungen werden kann. Deshalb könnte man vielleicht sagen, dass Autorität nichts ist, was der eine oder der andere hat oder haben könnte, sondern sie entsteht überhaupt erst in einer Beziehung, wodurch diese zu einer Autoritätsbeziehung erst wird. Worin hätte Autorität dann aber ihren Grund, wenn ihre Geltung abhängig ist von ihrer Autorisierung, Autorität durch Autorisierung erst entsteht? Streng genommen könnte man noch nicht einmal sagen, dass die Beziehung von vornherein eine hierarchische Beziehung ist, weil sie durch die Autorisierung erst zu einer solchen von beiden Seiten anerkannten hierarchischen Autoritätsbeziehung wird.

Und doch, ohne Wissen, Erfahrung, erworbene oder verliehene Kompetenzen sowie entsprechender Leistungen würde sicher kaum jemand einen Anspruch auf Autorität anerkennen. Wie Hannah Arendt schreibt, ist es „eines der Hauptmerkmale jeder autoritären Herrschaft, dass ihre Autorität sich immer legitimiert, und zwar dadurch, dass sie sich auf eine Quelle beruft, die außerhalb und über der Machtsphäre derer liegt, die gerade die Gewalt innehaben – also auf ein Gesetz, das entweder von Menschen überhaupt nicht erlassen wurde (wie das Naturrecht oder die Gebote Gottes oder die platonischen Ideen) oder auf uralte, durch Tradition geheiligte Bräuche, die zumindest nicht von denen gemacht sind, die gerade regieren" (Arendt 2000a, 162). Aber auch diese vermeintlichen Gründe allein würden nicht hinreichen, sondern nur dann auf Akzeptanz des Autoritätsanspruchs stoßen, wenn die entsprechende Person ihr Wissen und ihr Können in den Dienst einer Idee, einer Aufgabe oder einer mit ihrer Stellung verbundenen Funktion stellt, anstatt nur auf ihre individuellen Interessen und Vorteile bedacht zu sein. Als eine Autorität wird jemand nur dann angesehen, wenn er sich ganz in den Dienst einer Aufgabe stellt oder wenn er für andere da ist und die Abhängigkeitsbeziehung nicht zu seinem persönlichen Vorteil ausnutzt. Doch woher kann man das wissen und wie soll man prüfen, ob jemand authentisch ist und in seinem Handeln wirklich ethischen Werten folgt, ob er das vermutete Wissen hat und anwenden kann oder aufgrund seiner Erfahrungen die richtigen Entscheidungen treffen wird? Dies kann niemand, nicht einmal die als Autorität angesehene Person selbst wissen. Ob z.B. ein Arzt die richtige Diagnose trifft und das Wissen richtig oder angemessen auf den konkreten Einzelfall angewendet hat, kann auch er selbst nicht mit letzter Sicherheit sagen, da zwischen dem allgemeinen abstrakten Wissen und dem konkreten Einzelfall ebenso wie zwischen dem Wissen und dem Handeln immer eine Lücke klafft. Weder enthält das Wissen die Regeln seiner Anwendung noch kann man aus Erfahrungen gesetzmäßige Regeln ableiten, die anstehende oder kommende Entscheidungen eindeutig kalkulierbar und sicher machen könnten. Und ob erworbene Kompetenzen sich immer wieder bewähren und jemanden auch dazu befähigen, eine neue Situation zu bewältigen, kann auch niemand garantieren, da selbst Routinehandeln misslingen und jede neue Situation unvorhersehbare Ansprüche an die Handelnden stellen kann, für die die vorhandenen Kompetenzen nicht hinreichen.

Kurz: Die Gründe, die Autoritätsansprüche für sich geltend machen könnten und auf die sich das Vertrauen derjenigen stützen könnte, die diese Ansprüche anerkennen, sind unsichere und damit nur vermeintliche Gründe, denn ein Grund, welcher Ungewissheiten, Brüche und Lücken aufweist, kann kaum als Grund bezeichnet werden, eher als Abgrund. Dass jemand eine Autorität ist oder Autorität hat, dass er sie zu Recht beansprucht oder er sie zu Recht verliert, wird man ebenso wenig mit Gewissheit begründen können wie das Vertrauen, das ihm entgegengebracht wird, den Gehorsam oder die Gefolgschaft. Für beide Seiten gibt es keine Garantien. Ein Autoritätsanspruch ist daher letztlich immer grundlos und das Vertrauen in die Autorität immer unbegründbar und blind – was nicht ausschließt, dass stets Gründe vorgebracht werden können, um einen Autoritätsanspruch zu legitimieren.

Solche Legitimationsgründe scheinen umso unangreifbarer, je mehr sie den Charakter faktischer Gegebenheiten annehmen, die nicht nur dem Unterschied zwischen den Beziehungspartnern eine unbezweifelbare Evidenz verleihen, sondern auch deren hierarchisch-asymmetrische Anordnung anschaulich und plausibel machen. Der bisher erwähnten Serie von instabilen und variablen Gründen – Wissen, Können, Erfahrung, Stellung – korrespondiert eine andere Serie von Gründen, die mit Unterschieden und Ungleichheiten einhergehen und meistens als unzweifelhaft gegeben angesehen werden. Im Unterschied zur Serie der sozio-kulturellen Gründe kann man sie die Serie der natürlichen Gründe nennen: Alter, Geschlecht, Existenz bzw. die Generationsdifferenz von Alt und Jung, die Geschlechterdifferenz zwischen Mann und Frau sowie der Unterschied zwischen Lebenden und Toten. Die pädagogische Autorität basiert in dieser Perspektive auf der natürlichen Abhängigkeit des Kindes von den Eltern und ihrer Überlegenheit (so Arendt 2000a, 164; 185), die männliche Autorität basiert auf der väterlichen Autorität des Gesetzes und die Autorität der Toten manifestiert sich in unserer Kultur in der Tradition geheiligter Werte und überkommener Gründungen. Diese biologisch-körperlichen Unterschiede werden in der Regel als natürliche Gegebenheiten aufgefasst, die zwar historisch und kulturell mit verschiedenen Bedeutungen versehen und unterschiedlich sozial codiert werden, doch an der faktischen Vorgegebenheit einer Asymmetrie und natürlichen Ungleichheit wird kaum gezweifelt.

Mit diesen Unterschieden scheinen Autoritätsverhältnisse vorgezeichnet zu sein, deren Fundamente in der menschlichen Natur liegen, über die man daher nicht verfügen kann. So gründet z.B. für Freud jegliche Autorität in der Eltern-Kind-Beziehung, d.h. in der durch die anfängliche Hilflosigkeit des Kindes bedingten Abhängigkeit von seinen Eltern. Gelingt es dem Kind, ein Urvertrauen zu entwickeln, dann wird die „Gläubigkeit der Liebe [...] zu einer wichtigen, wenn nicht zur uranfänglichen Quelle der Autorität" (Freud 1905, 61). Und in der „Traumdeutung" schreibt er, der Vater sei „die älteste, erste, für das Kind einzige Autorität, aus deren Machtvollkommenheit im Laufe der menschlichen Kulturgeschichte die anderen sozialen Obrigkeiten hervorgegangen sind" (Freud 1900, 226).

Die Geltungskraft dieser anthropologischen Gründe scheint gegenüber den sozio-kulturellen Gründen des Wissens, des Könnens, der Erfahrung oder der sozialen Stellung, die immer nur vermutet werden können, weil sie sich nur in actu zeigen, den Vorteil empirischer Faktizität zu haben, an der nur zweifeln kann, wer nicht recht bei Verstand ist. Doch liegt hier ein Fehlschluss vor, da vom biologischen Unterschied keine Brücke zum sozialen Unterschied führt. So bringen z.B. die biologischen Geschlechtsmerkmale ihre kulturell und historisch äußerst variable soziale Bedeutung nie mit, sodass sie diese auch nicht begründen können. Bestenfalls werden die sozialen Unterscheidungen durch sie veranlasst. Gleiches gilt für das Generationenverhältnis oder das Verhältnis zwischen Kindern und Erwachsenen, aber auch für das Verhältnis zwischen Lebenden und Toten. Die realen Unterschiede erscheinen als bedeutsam, ohne aber eine bestimmte Bedeutung bereits mitzubringen, sodass nicht nur die Bedeutungsgebung als ein kultureller – und damit immer auch anders möglicher – Akt angesehen werden muss, sondern bereits die Selektion, welche realen Unterschiede überhaupt als bedeutsam wahrgenommen werden, was sich keinesfalls von selbst versteht. Autorität kann folglich nicht als naturgesetzlich verstanden werden, auch nicht die väterliche Autorität, da sie soziokulturell und historisch bedingt ist und je nach Gesellschafts- und Staatsform anders aufgefasst wird (Horkheimer u.a. 1970). Man kann sogar die Vorstellung in Frage stellen, dass es z.B. unterhalb der kulturell interpretierten Geschlechterrollen einen Unterschied gibt, der ganz unabhängig von allen kulturellen Bedeutungszuweisungen rein biologischer Natur und somit faktisch gegeben wäre. Denn schon dieser Unterschied zwischen einer rein biologischen Materialität und einer kulturellen Bedeutungswelt könnte als eine kulturspezifische Unterscheidung verstanden werden, mit der Wirklichkeit auf unterster Ebene konfiguriert wird (Butler 1997).

Kurz: Auch die Behauptung natürlicher Gründe, durch die die Autoritätsverhältnisse mit einer unbezweifelbaren Faktizität legitimiert werden wollen, kann nicht überzeugen. Die Absicherung der Bedeutung der maßgeblichen sozialen Unterschiede in vermeintlich vor- oder außersozialen Gegebenheiten der Natur ist nicht möglich. Zwischen der Welt der realen Dinge und der Welt der Wörter und Bedeutungen gibt es keinen logischen Übergang. Seit klar geworden ist, dass – 1. – sowohl zur realen Außenwelt wie auch zur imaginären Innenwelt der Weg nur über die Sprache und andere symbolische Ordnungen verläuft, dass – 2. – die Sprache die Außenwelt nicht einfach abbildet oder repräsentiert, dass Worte immer nur auf andere Worte verweisen und nicht auf die Dinge selbst, dass wir also – 3. – in einer Welt leben, die sprachlich konfiguriert ist und in der also alle Unterschiede durch sprachliche Unterscheidungen erst hervorgebracht werden und worden sind, – seit also klar geworden ist, dass unsere Welt eine sprachlich konstituierte Welt ist, leben wir in einer

Welt ohne identifizierbaren Grund. Ob es sich um Generationen-, Geschlechts- oder Altersdifferenzen, um ethnische, kulturelle oder gesellschaftliche Unterschiede handelt, alle müssen seither als sprachliche Interpretations- und Konstruktionsunterschiede verstanden werden, anstatt als substantielle Wesensunterschiede, die in einer außersprachlichen Wirklichkeit gründen. Die vermeintlichen Tatsachen stellen auch nichts anderes dar als Interpretationen, wenn auch solche, die vorgeben, keine zu sein. Hatten schon seit Beginn der Moderne alle Gründe, die entweder der übernatürlichen Welt der Metaphysik, der Tradition oder der Religion angehörten, ihre Glaubwürdigkeit verloren, so ist nun in der fortgeschrittenen Moderne auch die Berufung auf eine vorsprachliche Wirklichkeit, auf natürliche Tatsachen und objektive Gegebenheiten problematisch geworden und jeder Versuch einer Selbstbegründung führt in unauflösliche Aporien oder einen unendlichen Regress. Alle bisherigen Legitimierungsbemühungen von Autorität, so fasst Jean-François Lyotard zusammen, „führen in den Teufelskreis (ich habe Macht [*autorité*] über dich, weil du mich dazu autorisierst), zur *petitio pricipii* (die Autorisierung autorisiert die Autorität), zur Regression ins Unendliche (x wird von y autorisiert, das von z autorisiert wird), zum Paradoxon des Idiolekts (GOTT, das LEBEN usw. bestimmt mich zur Ausübung der Autorität, ich allein bin der Zeuge dieser Offenbarung)" (Lyotard 1987, 237). Ist Welt für uns eine Welt sprachlicher Interpretiertheit, so gilt dies auch für Autorität. Wie Richard Sennett treffend feststellt, besteht Autorität in nichts anderem als in einem „Interpretationsvorgang, der die Festigkeit eines Dings anstrebt" (Sennett 1985, 24).

Die Grundlosigkeit sollte jedoch nicht zu dem Fehlschluss verleiten, dass Autorität eine reine Fiktion oder eine illusionäre Beziehungsform wäre, die man als Trug durchschauen und überwinden könnte, oder dass Autorität unmöglich wäre und es sie daher auch nicht geben könnte. Die Kraft des Gesetzes und die Autorität des Rechts sind nicht nichts, auch wenn sie nicht in einem objektiven Grund wurzeln. Selbst wenn alle Gründe angezweifelt werden können, bleibt auf der einen Seite immer noch die Möglichkeit dessen übrig, was man eine Autoritätsbeziehung nennen kann, und auf der anderen Seite bleibt die Notwendigkeit eines unbegründeten Vertrauens. Man müsste geradezu umgekehrt sagen, dass eine Autorität, die einen unbezweifelbaren Grund, eine natürliche Rechtsquelle und evidente Geltungsgrundlage hätte, keine wäre, weil sie wirksam wäre und gelten würde auch dann, wenn sie von anderen nicht anerkannt würde. Es wäre eine souveräne Gewalt, die aus sich allein heraus ihren Willen anderen aufzwingen und so verwirklichen könnte. Ein Grund bleibt nämlich auch dann als Grund wirksam, wenn er nicht anerkannt wird. In diesem Fall handelte es sich nur um die Verkennung oder um Unkenntnis des Grundes seitens des Adressaten. Dagegen zeichnet sich Autorität gerade dadurch aus, dass sie ihre Anerkennung nicht erzwingt, erzwingen kann oder gar muss. Deshalb ist Grundlosigkeit einerseits die Bedingung der Möglichkeit von Autorität, Autorität ist also nur dann Autorität und damit rein sie selbst, wenn sie grundlos ist. Umgekehrt ist Grundlosigkeit jedoch zugleich die Bedingung ihrer Unmöglichkeit, da es ohne Grund keinen freiwilligen Gehorsam, keine einsichtige Gefolgschaft, keine ungezwungene Anerkennung der Überlegenheit von jemandem geben würde, keine Verbindlichkeit und kein Vertrauen, weder Treue noch Glauben, die der Autorität entgegen gebracht werden. Wenn die Anerkennung ihrer Legitimität aber nicht durch einen Grund hergestellt wird, wie dann?

Wenn es auf der einen Seite keinen Grund gibt, aus dem Autorität abgeleitet werden kann und der sie legitimiert, wenn es auf der anderen Seite aber durchaus Autorität gibt z.B. in Form der Anerkennung von Gesetzen und Achtung spezifischer Personen, dann muss man den Schluss ziehen, dass Autorität ein Geheimnis oder ein Rätsel verbirgt, dem sie ihre Wirksamkeit verdankt. Schon Blaise Pascal hatte in Bezug auf Recht und Gerechtigkeit geschrieben: „Die Gewohnheit allein macht das ganze Recht; dass es überliefert ist, ist sein einziger Grund; sie ist das mystische Fundament seiner Autorität. Wer es auf seinen wahren Grund zurückführen will, der hebt es auf" (Pascal 1978, 294/S. 149). Mit der Wendung vom „mystischen Grund der Autorität" zitiert er hier Montaigne, der geschrieben hatte: „Doch erhalten sich die Gesetze in Ansehen, nicht weil sie gerecht sind, sondern weil sie Gesetze sind: das ist der mystische Grund ihrer Geltung; einen anderen haben sie nicht" (Montaigne 1985, 851). Das Gesetz birgt m.a.W. in sich selbst die Autorität, sie hat keinen anderen Grund und darf auch keinen haben, weil sie sonst erlischt. Autorität hat das Gesetz nur, wenn es keine Geschichte hat, keine Entstehung, keine Ableitung. Dass der Grund seiner Autorität, also das, was das Gesetz zu einem Gesetz macht, unsichtbar bleibt, ist nach Jacques Derrida das, was „das Gesetz selbst ist, das, was bewirkt, dass diese Gesetze Gesetze sind, das Gesetzt-Sein dieser Gesetze" (Derrida 1992, 48). Der Ursprung des Gesetzes, seiner Autorität und Geltung, ist unbekannt, doch resultiert sie aus einer Setzung, einer Stiftung, einer performativen Kraft, die sie begründet und institutionalisiert: „Weil sie sich definitionsgemäß auf nichts anderes stützen können als auf sich selbst, sind der Ursprung der Autorität, die (Be)gründung oder der Grund, die Setzung des Gesetzes in sich selbst eine grundlose Gewalt(tat). Das bedeutet nicht, dass sie an sich ungerecht sind (im Sinne von ‚unrechtmäßig'). Im gründenden Augenblick [...] sind sie weder recht- noch unrechtmäßig. Sie gehen über den Gegensatz [...] hinaus" (Derrida 1991, 29).

Autorität geht auf eine Setzung zurück, einen performativen Akt, der sich vollzieht und zugleich etwas hervorbringt („performativ" genannte Sprechakte tun und bewirken, was sie sagen, wie z.b. versprechen, befehlen, vergeben etc.). Diese Setzungen sind nicht nur gewaltförmig, weil es das Gesetz, durch das sie legitimiert wären, noch nicht gibt, sondern durch die Setzung erst hervorgebracht werden muss. Sie sind zudem paradox, was Derrida am Beispiel der Unterzeichnung der amerikanischen Unabhängigkeitserklärung gezeigt hat, die zwar „im Namen des Volkes" unterschrieben wird, durch die sich aber dieses Volk erst hervorbringt: „Die Unterschrift erfindet den Unterzeichner. Dieser kann sich erst dann zur Unterzeichnung ermächtigen, wenn er [...] mit seiner Unterzeichnung mittels einer wundersamen Rückkopplung ans Ende gekommen ist. Seine erste Unterschrift ermächtigt ihn zu unterzeichnen. Das geschieht tagtäglich, und doch ist es unglaublich" (Derrida 2002, 124).

Diese Gedanken werden von Judith Butler aufgegriffen. Für sie resultiert jede Autorität aus unentwegten Wiederholungen performativer Sprechakte, die produzieren, was sie deklarieren. Autorität entspringt hier einer kontinuierlichen Praxis des Zitierens. So besteht die Autorität des Richters im performativen Sprechen des Gesetzes, bei dem er auf eine bereits bestehende autoritative gesetzliche Konvention zurückgreift, deren Grund durch ein permanentes Wiederholen und dauerndes Aufschieben konstituiert wird: „Anders gesagt, durch genau das unendliche *Aufschieben* der Autorität auf eine uneinholbare Vergangenheit wird Autorität selbst konstituiert. Dieses Aufschieben ist der wiederholte Akt, durch den Legitimation zustande kommt. Das Hinweisen auf einen Grund, der niemals eingeholt wird, wird zum grundlosen Grund der Autorität" (Butler 1997, 156). Diese Logik gilt ihr zufolge nicht nur für die Autorität des Richters, sondern auch für die Autorität des symbolischen Gesetzes selbst, dass also die Autorität der Sprache „als die Wirkung der Zitierung selbst hergestellt wird" (ebda., 157; Maxim 2009, 152ff).

Autorität, die ja gerade nicht auf Zwang beruhen kann, sondern einer anerkannten Legitimation bedarf, kann nach diesen Überlegungen nur in der Setzung einer grund-losen Gewalt gründen, die vergessen werden muss, um wirksam sein zu können, denn Gründungsakte verstricken sich unvermeidlich in Legitimationsparadoxien und sind immer mit Gewalt kontaminiert. So fehlt dem Gesetz jeder Grund und seine autoritative Kraft scheint daher unerklärlich. Der Gründungakt ist nicht begründbar, die Setzung des Gesetzes ist gesetzlos und bricht mit dem vorherigen Zustand ohne vernünftigen Grund, so dass man sagen muss, dass die Autorität aus einer Setzung hervorgeht, aus einer grundlosen Gewalttat, die in der Vergessenheit versinken oder als Trauma verdrängt werden muss, als ob sie nie stattgefunden hätte. Die Gründung bzw. die Genese von Autorität kann deshalb nur nachträglich erzählt werden, und zwar als eine Geschichte oder besser: ein Mythos davon, was nicht stattgefunden haben kann, so als würde jemand davon erzählen, wie er als Säugling dem Gesetz der Sprache begegnet wäre und das Sprechen gelernt hätte. Wie man schon in Kafkas Text „Vor dem Gesetz" (Kafka 1970) lesen kann, ist das Gesetz als solches unzugänglich, es untersagt nicht nur etwas, sondern vor allem auch sich selbst, so dass der Mann vom Lande, der von den Türhütern nicht zum Gesetz vorgelassen wurde, unverrichteter Dinge wieder gehen muss. Möglich ist sogar, dass sein Geheimnis darin besteht, dass es gar nicht existiert, ein Geheimnis, dass sehr wohl gehütet werden müsste. Die Autorität verweist somit auf einen Grund, der nicht identifizierbar ist, und fordert dennoch Anerkennung und Achtung. Und diese Anerkennung kann nur deshalb frei genannt werden, weil ein direkter Zugang zum Grund der Autorität unmöglich, ja: verboten ist. Es bleibt eine Distanz zur Autorität, die eine Freiheit ermöglicht, die aber auch eine gläubige Gefolgschaft fordert, da die Distanz zur Autorität gehört, durch die ein ergründender Zugang verwehrt bleibt.

II. Unvermeidbarkeit

Über Autorität und – damit unvermeidbar zusammenhängend – über Gehorsam und Disziplin zu sprechen, ist auch aus historischen und systematischen Gründen problematisch. Historisch ist jeder Diskurs über Autorität mit einem Erbe belastet, das zudem in sich sehr widersprüchlich ist. Zum einen ist mit dem Begriff Autorität politisch der autoritäre Staat des Nationalsozialismus verbunden, der Autoritarismus der Forderung des unbedingten Gehorsams, dem sozial in allen Bereichen gesellschaftlichen Lebens repressive und gewaltförmige Verhältnisse entsprachen, die die fortgesetzte Entstehung eines Sozialtypus begünstigten, der unter dem Namen des „autoritären Charakters" bekannt wurde (vgl. Adorno 1973; Horkheimer u.a. 1970). Zum anderen wird die Studentenbewegung Ende der 60er Jahre vor allem in Deutschland mit dem Namen „antiautoritäre Bewegung" bezeichnet. Ihr galt jede Form von Autorität als ein mehr oder weniger kaschiertes Gewalt- und Herrschaftsverhältnis, von dem man sich emanzipieren musste, um individuelle Autonomie und gesellschaftliche Freiheit, eine egalitäre Demokratie und soziale Gerechtigkeit zu verwirklichen und dadurch eine Wiederholung des Faschismus zu verhindern.

Diese widersprüchliche Einstellung gegenüber Autorität manifestierte sich zugleich im Verhältnis der Generationen zueinander: War die überwiegende Mehrheit der Kriegsgeneration trotz aller Erfahrungen nach wie vor von der Notwendigkeit und Unverzichtbarkeit personaler Autoritäten und autoritativer Institutionen überzeugt, weil ohne sie Gesetz und Ordnung nicht vorstellbar wären und die Gesellschaft in einen anomischen Zustand zurückfallen würde, so war die Nachkriegsgeneration genau umgekehrt davon überzeugt, dass ein gesellschaftlicher Zustand von Gleichheit, Friede und Freiheit nur durch die Abschaffung aller Herrschaftsverhältnisse und die Befreiung von allen Autoritäten möglich wäre. Für die ältere Generation war Autorität die Grundlage der sozialen Ordnung wie auch die Bedingung gelingender Charakterbildung, für die jüngere gehörte die Autoritätsgläubigkeit zur Ideologie repressiver Gesellschaften und galt sowohl als eine der Entstehungsbedingungen des Faschismus wie auch als eine der Ursachen menschlicher Selbstentfremdung. Jede Legitimation von Autorität geriet damit unter Ideologieverdacht, Gewalt als den wahren Grund von Autorität zu verschleiern. Autorität im Sinne eines freiwilligen Gehorsams und insbesondere die Sehnsucht nach Autorität erschienen aus dieser Perspektive als pathologische Formen und als Resultate einer selbst bereits zwanghaft-autoritären Erziehung (vgl. Mendel 1973; Gruen 2003). Autoritätshörigkeit entstehe vermittels des psychologischen Selbstschutzmechanismus einer „Identifikation mit dem Aggressor" (A. Freud 2006), die einen Glauben an und eine Sehnsucht nach einer Autorität sowie eine Abwehr gegenüber allen Formen der Freiheit und Fremdheit bewirke.

Eine Bestätigung der allgemeinen Gefahr von Autoritätshörigkeit für die ethischen und politischen Grundlagen liberaler Gesellschaften ergaben die Experimente, die Stanley Milgram erstmalig 1962 durchgeführt hatte (Milgram 1997). Die entscheidende Erkenntnis war, dass ein sehr hoher Prozentsatz, d.h. ca. 70-80%, so genannter normaler Menschen durch eine – in diesem Falle wissenschaftliche – Autorität dazu veranlasst werden kann, ohne jede

Feindschaft und entgegen ihren moralischen Grundsätzen andere Menschen unter Inkaufnahme ihres Todes zu bestrafen und ihnen Schmerzen zuzufügen. Für Milgram war denn auch die extreme Bereitschaft von erwachsenen Menschen, einer Autorität fast beliebig weit zu folgen, das Hauptergebnis der Studie, und eine Tatsache, die dringender Erklärung bedürfe (Milgram 1974). Dass diese Form der Autoritätsgläubigkeit auch heute noch in einem ähnlichen Ausmaß besteht, haben Nachfolgeexperimente von Mel Slater (vgl. Rötzer 2006) und von Jerry Burger (vgl. FAZ.NET 2008) gezeigt.

Kurz: Politisch, sozial und kulturell desavouiert vor allem durch den Nationalsozialismus und für gefährlich und prinzipiell verzichtbar deklariert seitens der Studentenbewegung geriet Autorität in eine Legitimationskrise. Erst seit Ende des 20. Jahrhunderts lässt sich eine Rückkehr von Vorstellungen beobachten, die lange Zeit mit einem Tabu belegt waren. Anlässlich aktueller Desintegrationsphänomene im Kontext gesellschaftlicher Modernisierungs- und Individualisierungsprozesse – zunehmende Disziplinlosigkeit und Gewalt an Schulen, mangelnde Leistungsbereitschaft, Missachtung aller Autoritäten etc. – wird eine „Erziehungskatastrophe" (Gaschke 2001) oder ein „Erziehungsnotstand" (Gerster 2001) diagnostiziert, der auf eine zu permissive Haltung gegenüber Kindern und Jugendlichen sowie auf mangelnde Erziehungsbereitschaft zurückgeführt wird. Im Kern wird ein Versagen der Eltern und Schulen bzw. ein Mangel an Autorität behauptet, weshalb ein Großteil der nachwachsenden Generation weder Erwachsene noch Regeln und Normen achten würde und zudem gänzlich orientierungslos wäre. Behauptet wird daher, „Kinder brauchen Grenzen" (Rogge 1993), eine Streitschrift wie „Lob der Disziplin" (Bueb 2006) findet große Zustimmung, und als neuer Leitfaden im Umgang mit disziplinlosen, gewaltbereiten oder kriminellen Jugendlichen gilt die Parole „Null Toleranz". Dass Leitung und „Führung" in sozialen Zusammenhängen unverzichtbar und es daher insbesondere in pädagogischen Verhältnissen (Bueb 2008) erforderlich wäre, dass jemand die Rolle des „Führers" übernehmen müsse, wird wieder als unbezweifelbare Tatsache vorgebracht. Der Begriff des „Führers", so scheint es, kann heute fast wieder ohne Anführungsstriche benutzt werden.

Dass in pädagogischen, politischen, wirtschaftlichen und beruflichen Zusammenhängen eine bejahende Affirmation hierarchischer Verhältnisse und die Akzeptanz von Ungleichheiten (vgl. Krebs 2000) beobachtbar ist, zeugt von einer Revitalisierung autoritärer Denkmuster und Strukturen (Noelle-Neumann/Petersen 2001; Krieger 2008). Für die Fürsprecher einer Rückbesinnung auf den Wert der Autorität steht daher fest, dass die antiautoritäre Bewegung mit ihrer radikalen Delegitimierung von Autorität eine Hauptursache gegenwärtiger gewalttätiger Proteste und Ausschreitungen von Jugendlichen und von Disziplinproblemen an Schulen ist.

Diese eher moralisch aufgeladenen Diskurse für oder gegen Autorität, Führung und Disziplin tragen jedoch kaum etwas zur Klärung des Sachverhalts bei. Denn anstatt bloß einen Mangel an Autorität und Gehorsam zu konstatieren, der durch Rückkehr zu autoritären Strukturen kompensiert werden soll, wird aus einer anderen Perspektive nicht ein Verschwinden, sondern ein Wandel von Machtverhältnissen erkannt, der die Autoritätsbeziehungen unsichtbarer macht, indem sie entpersonalisiert werden. Statt die in alle Bereiche gesellschaftlichen Lebens gedrungenen managerialen Diskurse der Menschenführung und des Selbstmanagements als endgültige Verabschiedung äußerer Leitungs- und Führungsautoritäten zu verstehen, wandelt sich die Wirkungsweise und die autoritative Instanz. Da alle Verantwortung für sein gesellschaftliches Fortkommen und berufliche Erfolge und Misserfolge dem Individuum als einem Unternehmer seiner selbst zugeschrieben wird, wird der Einzelne in dieser Sichtweise nicht mehr von einer äußeren Autorität geführt, sondern er muss lernen, sich selbst zu führen. Die einzige Autorität, die man anzuerkennen gezwungen ist, ist der Markt mit seinen Gesetzen (Bröckling 2007).

Die Frage nach dem Grund von Autorität ist also angesichts der Rückkehr oder Transformation autoritativer Vorstellungen nicht nur eine akademische Frage nach ihrem korrekten Begriff, sondern sie ist von politisch-praktischer Tragweite. Doch um genau dies angemessen einschätzen zu können, muss die begriffliche und systematische Problematik, die mit dem Begriff Autorität zusammenhängt, geklärt werden. Zwar hat Autorität keinen definierbaren Grund, der ihre Ansprüche mit einer unbezweifelbaren Zwingkraft ausstatten würde, doch vermeidbar ist sie deshalb nicht. Sich von jeder Autorität befreien zu können, wie dies die antiautoritäre Bewegung intendierte, erscheint als aussichtslos und illusionär. Wie lässt sich dann aber ihre Verbindlichkeit erklären? Wenn die Anerkennung ihrer Legitimität nicht durch einen Grund hergestellt wird, wie dann? Und wie ist ein freiwilliger Gehorsam möglich, da doch der Gehorsam die Freiwilligkeit, die ihn im Autoritätsverhältnis auszeichnet, negiert und er damit seine eigene Bedingung untergräbt? Wie kann eine Abhängigkeit bejaht werden, ohne durch diesen autonomen Akt der Bejahung selbst ihre Macht zu verlieren?

Der Autoritätsbegriff enthält anscheinend eine Widersprüchlichkeit und Aporetik, die systematisch kaum beherrschbar und kontrollierbar ist und ihm eine irreduzible Ambivalenz verleiht. Seine Bedeutung changiert je nach Kontext zwischen Bejahung und Nötigung, Unvermeidbarkeit und Unmöglichkeit. Indem mit Autorität die Einheit sich wechselseitig ausschließender Bestimmungen ausgedrückt werden soll, wird sie ebenso rätselhaft wie ambivalent. Kaum ein Diskurs, der an dieser Ambivalenz nicht Anteil hätte, sei es, dass er Partei ergreift für eine der Seiten, sei es, dass er sie zu vermitteln oder zu überwinden versucht, sei es, dass er sie von Scheinproblemen zu befreien oder aus unberechtigten Zusammenhängen zu lösen verspricht. Doch die Ambivalenz erweist sich als hartnäckig und lässt die Reden über Autorität schwanken zwischen Affirmation und Kritik, Idealisierung und Verteufelung, Beschwörung und Verwerfung, Restauration und Verabschiedung. Den einen geht – entwicklungspsychologisch, pädagogisch, politisch – ohne Autorität nichts, den anderen gilt sie als genau das, was überwunden werden müsste. Ist Autorität den einen Bedingung jeder Persönlichkeitsentwicklung, Voraussetzung für eine gelingende Identitätsfindung und Grund eines geregelten und friedlichen Zusammenlebens, so steht dieser Begriff für andere genau für die Verhinderung von Autonomie, Freiheit und Emanzipation.

Wie also über Autorität sprechen? Kann man überhaupt „über" Autorität sprechen, so als gäbe es einen Ort oder eine Perspektive, von der aus das Sprechen vor ihr sicher wäre, frei von jeder Autorität, von jedem Anspruch auf Autorität, ein Sprechen ohne auctoritas, ohne Autor? Wie kann man über Autorität sprechen, wenn wir immer schon einer Autorität unterstellt sind, der Autorität der Sprache? Spricht man nämlich über Autorität, verstrickt man sich in ein unlösbares Dilemma, denn was die Rede als Thema aufruft, nimmt sie einerseits immer schon für sich in Anspruch (Glaubwürdigkeit, Überzeugungskraft und Geltung), andererseits ist sie aber auch zugleich einer Autorität unterworfen allein schon dadurch, dass sie sich der Autorität der Sprache unterordnet. Statt die Sprache wie ein Instrument benutzen zu können, wie wir uns wohl in der Regel einbilden, werden wir weit mehr von ihr beherrscht, als dass wir sie beherrschen (Frey 1999). Da man die Sprache – noch bevor man ihr oder ihrer Gabe zustimmen könnte – wie ein Gesetz empfängt, verfügt sie über eine gebieterische Autorität. Man kann sie nicht ablehnen, da jeder Einspruch gegen diese Autorität der Sprache in der Sprache stattfindet und nur stattfinden kann, die Sprache also immer schon voraussetzen muss. Selbst das „Nein" zur Sprache – und zu ihrer Autorität – basiert auf ihrer vorherigen Bejahung und wiederholt sie (Bennington 1994, 199f).

Die Autorität der Sprache erscheint wie ein Naturgesetz, ohne eines zu sein, ist es doch gerade die Sprache, die den Unterschied zwischen Natur und Kultur erst macht. Analog dazu lässt sich das Problem der Autorität verstehen, da auch sie aus einer Beziehung erwächst, die man nicht ablehnen kann. Vor jedem Selbst gibt es schon den Anderen, dessen Gaben folglich bejaht und angenommen werden müssen, ohne dass auch nur die Möglichkeit einer Ablehnung bestehen würde. Diese unwillkürliche und zugleich geforderte Bejahung führt zu schwerwiegenden ethisch-politischen Fragen: Wenn das Gesetz der Sprache zu seiner Bejahung zwingt, die selbst noch dem ‚Nein' zugrunde liegt, wie kann man dann noch gegen ein ungerechtes Gesetz Widerstand leisten? Denn indem man im Erlernen der Sprache zugleich die Gabe der Sprache bejaht, die man vom Anderen empfängt, verpflichtet man sich in jedem Sprechakt zur wiederholten Bejahung dieses Ereignisses der Bejahung, als hätte man, ohne es zu wissen, eine Bürgschaft hinterlegt (ebda., 206). Außerdem fallen das Erlernen der Sprache und damit ihre Gabe dem Vergessen anheim, da selbst jeder Versuch, sich an die Zeit vor der Sprache zu erinnern, sich dazu ihrer Leistungen versichern muss. Deshalb fragt Jacques Derrida in Bezug auf die Gabe, die ein Geschenk, aber auch vergiftet sein kann, und die eine Gabe nur dann ist, wenn sie nicht Teil eines Tauschprozesses ist und zurück erstattet wird: „Woher kommt das Gesetz, das einen verpflichtet, zu geben und dabei zugleich die Gabe zu ergründen, von ihr Rechenschaft abzulegen?" (Derrida 1993, 46)

Ähnlich kompliziert verhält es sich mit dem Problem der (elterlichen) Autorität, da die Antworten des elterlichen Anderen, denen Kinder, insbesondere Neugeborene und Säuglinge, aufgrund ihrer Hilflosigkeit und Verletzlichkeit ausgesetzt sind, ebenso wie dessen Handlungen und Gaben unausweichlich angenommen und bejaht werden müssen. Wie die Psychoanalyse deutlich gemacht hat, vollzieht sich die Integration des Menschen in Kultur und Gesellschaft nicht konfliktfrei (Freud 1930), da er auf das verzichten und sich von dem trennen muss, was nachträglich, wenn er Sprechen gelernt hat, als das all seine Wünsche befriedigende verlorene Objekt erscheinen wird. Dieses Objekt ist allerdings ein ganz und gar phantastisches und von Anfang an verlorenes, weil die vermeintlich vollständige Befriedigung in der „Einheit mit der Mutter" nie bestanden hat und nur als illusorische Rückprojektion verstanden werden kann. Und doch zeigt dieses Bild ein vom Menschen eingefordertes Opfer, das er bringen muss, um zu den sprechenden Wesen gezählt werden zu können: Er muss auf den unmittelbaren Zugang zum Realen der

Außenwelt wie auch zum Imaginären der Innenwelt verzichten und seinen Ort in und mit der Sprache finden, die das Reale der Dinge mit Sinn und Bedeutung begabt und die Welt als eine Welt von Bedeutungen strukturiert und verständlich werden lässt. Die Sprache vermag, Abwesendes anwesend zu machen, aber nur, weil und wenn sich die symbolische Ordnung an die Stelle des Realen, genauer: zwischen das Reale und das Imaginäre, Außen und Innen setzt und diese Unterscheidung überhaupt erst ermöglicht. So tritt die Kultur dem Menschen als eine machtvolle und fremde Struktur entgegen, die von ihm Triebverzicht fordert und seine Wünsche nicht einfach erfüllt. Dabei gibt ihm allein die Sprache einen genauen Ort in der Generationen- und Geschlechterordnung, deren Plätze sich nur durch ihre Namen unterscheiden lassen. Zur Sprache zu kommen und die Muttersprache zu lernen ist daher keine harmlose Operation, sondern ein Geschehen, das auch den Menschen selbst spaltet, der fortan nicht mehr einfach Körper *ist*, sondern außerdem auch einen *hat*, und dessen Bedürfnisse, um befriedigt werden zu können, durch die Sprache hindurchgehen müssen, was nicht ohne den Rest eines Begehrens geschehen kann, von dem man nicht weiß, was ihm eigentlich mangelt. Kurz, nur vermittels der Sprache oder allgemeiner: der symbolischen Ordnung findet der Einzelne zu einer selbstbewussten Identität, aber diese Identität ist zugleich gespalten, da sich die Sprache bis in den letzten Winkel seines Körpers in ihn eingeschrieben hat.

Jacques Lacan knüpft an Freud an, verlagert aber die Quelle der Autorität vom realen Vater auf die symbolische Ordnung, auf den Namen des Vaters, mit dem das Gesetz autorisiert wird. Die symbolische Ordnung wird nämlich repräsentiert durch die Eltern, wobei insbesondere der Vater die Funktion hat, vom Kind den Verzicht auf die Einheit mit der Mutter zu fordern und sich mit dem Mangel zu arrangieren, d.h. mit dem symbolischen Gesetz oder dem Gesetz des Symbolischen, weil das Symbol in gewisser Weise der Tod der Sache ist, die es vertritt, an deren Stelle es sich setzt und dadurch den entstandenen Mangel ersetzt. Was die Psychoanalyse Freuds als Ödipuskomplex verstand, ist genau diese Einführung des Menschen in die kulturelle Ordnung durch das Verbot des ersten Objekts. Mit der unbewusst sich vollziehenden Dynamik des Ödipuskomplexes ist aber weniger das jeweils individuelle Drama gemeint, sondern die allgemeine These formuliert, dass sich durch das vom Vater vertretene symbolische Gesetz der Wunsch in dem Maße strukturiert, wie er eine Beziehung des Menschen zur Sprache stiftet. Es ist die väterliche Autorität, die als Instanz des Symbolischen „im Namen des

Vaters" den *vermeintlichen* Genuss einer *phantasmatischen* Verschmelzung verbietet. Was er verbietet, das vollkommene Objekt, hat das Kind nämlich nie besessen und hat es auch nie gegeben. Es entsteht gewissermaßen erst durch das Verbot, als ob man das Verbotene gewollt hätte.

Das Verbot betrifft also 1. etwas völlig Fiktives und Unmögliches, das kindliche Genießen der Mutter, es suggeriert 2. nachträglich, als wäre dies der Wunsch gewesen, und induziert 3. den Glauben, der Vater wäre im Besitz dieses Objekts und der Möglichkeit des Genießens oder zumindest eines Wissens darüber. Da erscheint es plausibel, dass man vom Vater ein Wissen erwartet, das wirklich existentiell ist und die Geheimnisse lüftet, weil die väterliche Autorität Antworten verspricht auf die strukturelle Unwissenheit hinsichtlich der Welt und derjenigen Objekte, die einem zur vollkommenen Erfüllung fehlen. Dabei kommt es zu einer Identifikation oder Anlehnung an die Autorität: „Die als Repräsentanten der symbolischen Ordnung fungierenden väterlichen Autoritätsfiguren erscheinen als Hindernisse, die den Weg zur Mutter verstellen, und werden selbst zu einem Objekt heimlicher, immer schon verschobener Wünsche" (Härtel 2006, 76). Was man später z.B. in einer therapeutischen, ärztlichen, pädagogischen oder auch Liebesbeziehung dem Anderen unterstellt, ist genau ein solches privilegiertes Wissen, das für einen selbst höchst bedeutsam wäre. Solche „Übertragungsbeziehungen" (Lacan 1978; Lühmann 2006) leben von einer Art vergeblicher Liebe und der Hoffnung, es gebe eine vollkommene Erfüllung. Autorität wird in dieser Sichtweise nicht anerkannt, weil sie begründet und rational nachvollziehbar legitimiert wäre: „vielmehr scheint Autorität über etwas zu verfügen, was an ihrem Ort eine ansonsten versperrte Erfüllung verheißt. Ein geheimes Wissen, ein Schein – eine Wirkung, die Autorität ausmacht und die von ihr nicht gewusst werden kann. Geliebt muss sie geben, was sie nicht hat" (Härtel 2006, 77).

Wie es scheint, ist ontogenetisch die Erfahrung des Anderen mit derjenigen seiner Übermacht gekoppelt. Diese lässt sich kaum ohne jene negieren, ohne Sozialität und Intersubjektivität als solche – und mit ihr jede Möglichkeit von Interaktion und Kommunikation überhaupt – zu leugnen. Doch jeder Akt der Ablehnung von Autoritätsansprüchen anderer bleibt ein kommunikativer Interaktionsakt, der an andere adressiert ist, deren Andersheit aber nur zusammen mit ihren Autoritätsansprüchen anerkannt werden kann. Um die Andersheit des Anderen zu achten, ohne sich dabei zugleich gläubig und gehorsam einem Autoritätsanspruch zu unterwerfen, wäre es notwendig, die Erfahrung des Anderen vor der Autoritätsbeziehung zu denken. Wie die Gabe vor dem Tausch oder das Gesetz vor dem Vertrag müsste der Andere vor der Autorität gedacht werden. Wie auch Myrian Revault d'Allonnes schreibt (vgl. Monjo 2007), wäre es notwendig, eine asymmetrische, aber nicht-hierarchische Beziehung zu denken. Lassen sich Ungleichheit und Herrschaft, Asymmetrie und Hierarchie, Differenz und Gewalt, Autorität und Alterität aber überhaupt voneinander trennen?

Es ist vor allem Emmanuel Levinas (1983), der in seinen Schriften die Frage nach einer solchen Beziehung zum Anderen aufgreift, in der er weder vom Ich vereinnahmt noch dieses ihm hörig wird, in der die Erfahrung des Anderen das Ich überwältigt, ohne es zu beherrschen. Es geht dabei um eine Beziehung, die weder egalitär ist noch hierarchisch, die unvermeidbar ist, ohne aber Freiheit zu beschneiden. Es geht um den keineswegs einfachen Versuch, eine Beziehung zu beschreiben, die asymmetrisch ist, aber keine Herrschaftsbeziehung, ungleich, aber ohne Unterwerfung, heteronom bestimmt, aber nicht unfrei. Ohne diese Alteritätserfahrung und ihre Bedeutung für die Konstitution des Subjekts und seine Identitätsentwicklung hier detailliert darstellen zu können (Wimmer 1988; 2006, 289ff) kann gesagt werden, dass der Andere in keiner Weise als Autorität im Sinne einer legitimen Herrschaftsfunktion auftritt. Seine Anerkennung ist auch kein freiwilliger Akt des Subjekts. Die ihm entgegengebrachte Achtung ist vielmehr selbst bereits als eine Wirkung seines Erscheinens zu verstehen, der „Heimsuchung" des Subjekts, das die Grenze seiner Macht und seines Könnens erfährt, da der Andere nur partiell zugänglich ist, so dass eine Unzugänglichkeit immer bestehen bleibt. Zwar könnte die Heimsuchung als autoritative Übermächtigung des Subjekts durch den Anderen missverstanden werden, ähnelt Levinas' Beschreibung dieser Erfahrung doch einer Gotteserfahrung. Und in der Tat handelt es sich bei diesem Anderen nicht um ein anderes Ich, das seine Souveränität geltend machte und eben mächtiger wäre, sondern um etwas Transzendentes, etwas, das jenseits des eigenen Fassungsvermögens liegt. Aber der Andere ist dennoch real, zugänglich und unzugänglich zugleich. D.h. er ist 1. ein Fremder, der 2. außerdem ohnmächtig und verletzlich ist, statt als Herrschaftsfigur seine Ansprüche zu stellen, und er verlangt 3. auch keinen Gehorsam, sondern er beansprucht nur eine Antwort, nicht die Autorität und Macht. Levinas entkoppelt die Erfahrung des Anderen von derjenigen der Autorität. Der Andere ist und bleibt unfassbar, und daher ist die Beziehung auch irreduzibel asymmetrisch, allerdings ohne als Herrschafts- oder Machtbeziehung charakterisiert werden zu können.

Folgt man den vorgetragenen Überlegungen zur Sprache als symbolischem Gesetz, zur Erfahrung des Anderen im Sprechen und zur rhetorisch-performativen Herstellung von Autorität, dann kann man zusammenfassend sagen, dass es keinen neutralen Ort gibt, von dem aus man, von ihr unberührt, *über* Autorität sprechen könnte wie über einen beliebigen Gegenstand oder einen objektiven Sachverhalt, ohne sie *beim* Sprechen und *durch* das Sprechen zu beanspruchen oder ihr zu antworten. So gesehen gibt es keine Chance, sich von jeder Autorität zu befreien, denn jedes Sprechen beansprucht Geltung und wird durch den Sprecher autorisiert. Zwar glaubt jeder in der alltäglichen Kommunikation, im eigenen Namen sprechen zu können, doch bei genauerer Betrachtung und wenn man zu Begründungen gezwungen wird, wird deutlich, dass man sich in der Regel auf andere Instanzen beruft, dass man immer „im Namen von" spricht, dass das Ich nicht sich selbst autorisieren kann – nur Gott stand dies zu. Jedes Gerichtsurteil ergeht so im Namen des Volkes, jeder Krieg wird im Namen von Gott, der Demokratie, der Gerechtigkeit, der Freiheit, des Menschen o.ä. geführt, jedes Handeln in gesellschaftlichen Institutionen – vom Finanzamt über die Schule bis hin zum Krankenhaus oder einem Verkehrsbetrieb – vollzieht sich im Namen des jeweils verfolgten Zwecks. Es sind kaum Handlungszusammenhänge, soziale Interaktionen und Entscheidungsprozesse vorstellbar, die ohne derartige Legitimationen auskommen. Doch dieses Sprechen „im-Namen-von" mit seinem Bezug auf eine Instanz, die die eigene Rede autorisiert, sollte nicht verwechselt werden mit einer Begründung oder einem Grund, da das Sprechen „im-Namen-von" den Grund bereits ersetzt und der Grundlosigkeit Rechnung trägt (Campe 2004).

Worauf es hier zunächst ankommt, ist, dass das emanzipatorische Bestreben, sich von jeder Autorität zu befreien und jeden autoritativen Anspruch zurückzuweisen, in dieser Radikalität wohl kaum realisierbar ist, denn sie bleibt in sublimen Formen und an unbedachten Orten dem Subjekt treu und bewohnt seinen Autonomieanspruch wie ein Gespenst. Der Autorität der Sprache, des Gesetzes der Sprache und der Sprache als Gesetz entkommt man nicht, ebenso wenig wie den anderen Gestalten der absoluten Autorität, die selbst durch ihre Negation noch bejaht werden wie neben der Sprache auch der Körper und der Tod.

Die radikale Kritik der Autorität, die sie abschaffen zu können glaubte, ist gescheitert. Sie verkannte ihre Verstrickung mit dem Kritisierten und merkte nicht, dass auch sie selbst in ihrer radikalen Autoritätskritik Autorität für sich beanspruchte, dass sie sich von der

Autorität vor allem der paternalistischen Herrschaft, dieser Mischung aus traditionsgebundenem Handeln und Willkürfreiheit (Weber 1988, 479f), mittels der Autorität der Wahrheit befreien wollte. Aus diesem Scheitern folgt aber nicht zwangsläufig die resignative Restauration übermächtiger Autoritäten und autoritärer Verhältnisse, sondern es ergibt sich vielleicht die Möglichkeit einer neuen Art, über Autorität zu sprechen. Dieser neue Diskurs müsste sich einerseits von den Illusionen radikaler Befreiung und Autonomie verabschieden, andererseits aber festhalten an der Vorstellung von einer anderen Aufklärung und Emanzipation, die nicht mehr von unbedachten Autoritäts- und Souveränitätsansprüchen desavouiert wird, indem sie unerkannt an ihnen teilhat und sie unwillentlich befördert, obwohl sie sich eigentlich von ihnen freimachen wollte. Wie wäre also eine Beziehung denkbar, die asymmetrisch ist, aber nicht hierarchisch, ungleich, aber ohne Unterwerfung, heteronom bestimmt, aber nicht unfrei?

Diese Fragen sind keineswegs rein akademischer Natur und betreffen auch nicht allein das Problem der Erziehung. Vielmehr haben sie eine allgemeine praktische und politische Bedeutung, insofern die gegenwärtig drängende Aufgabe weniger darin besteht, die individuellen Autonomie- und subjektiven Freiheitsansprüche noch weiter auszudehnen und zu sichern, als vielmehr darin, die Frage zu beantworten, wie angesichts zunehmender Pluralität und Heterogenität in einer sich globalisierenden Welt das friedliche Zusammenleben ohne Rückkehr zu alten Formen des Autoritarismus und ohne neue Formen des Totalitarismus ermöglicht werden kann. Dabei spielt das Verhältnis zur Autorität eine wichtige Rolle, zur Autorität des Gesetzes und des Rechts ebenso wie zur Autorität von Personen und Institutionen. Dabei muss jedoch der Platz der Autorität leer bleiben (Lefort 1990, 293), da weder die Restitution alter noch die Aufrichtung neuer Autoritäten ein Zusammenleben ermöglichen, in dem die unvermeidlichen Konflikte und Differenzen ausgehandelt werden können, anstatt unterdrückt oder in destruktiven Kämpfen ausgefochten werden zu müssen (Mouffe 2008). Dabei gilt es insbesondere, die Verhältnisse zwischen Autorität, Macht und Freiheit sowie die Abgrenzungen zwischen Herrschaft, Zwang, Gewalt und Autorität zu beachten.

III. GewaltFreiheit

Grundlosigkeit der Autorität ist, wie oben gesagt, nicht zu verwechseln mit ihrer Nichtigkeit, sondern meint zunächst nur, dass sie nicht in einem metaphysischen, natürlichen oder sozialen Sein ihre Quelle hat, dass ihr Grund vielmehr bedingt ist durch die Begründungen. Die Vorstellung eines vor den Begründungsakten gegebenen (transzendenten, transzendentalen oder objektiven) Grundes als Ursprung ist selbst ein Effekt und Artefakt der Begründungen. Versteht man Begründungen nicht von ihren Objekten, den (vermeintlich gegebenen) Quellen her, sondern als (Sprach-) Handlungen, ändert sich der Status von Begründungen grundsätzlich: Sie setzen den Grund. Anstatt vorgegebene Gründe einfach nur zu benennen und zu repräsentieren, werden Gründe durch Begründungen konstituiert. Begründungen bringen Gründe hervor und machen sie glaubwürdig und wirksam gerade dadurch, dass dieser Prozess der rhetorisch-performativen Hervorbringung unsichtbar gemacht wird. Die Genese des Autoritätsglaubens muss unsichtbar und vergessen werden, um wirksam zu sein. Wäre der Grund des Autoritätsglaubens als ein gemachter erkennbar, abhängig von Bedingungen aller Art und damit zufällig, nicht notwendig, willkürlich, dann würde der Glaube seinen Grund und die Autorität ihre Zwingkraft verlieren, die gerade in ihrer Unbedingtheit liegt. Um zu gehorchen, um einem Befehl freiwillig zu folgen oder eine Anweisung ohne Widerstand auszuführen, muss man an deren Legitimität glauben und ihren Grund anerkennen als etwas natürlich Gegebenes und Geltendes, das nicht eigener Willkür unterliegt und damit unverfügbar bleibt.

Diese Unverfügbarkeit ist in der Moderne ein Skandal, da die Moderne sich gerade durch das Prinzip der Selbstbegründung auszeichnet und gegen die Ordnung der Alten, gegen die Autorität von Tradition und Religion, eine egalitäre und liberale Ordnung behauptete, die ihren Grund in sich selbst hat und durch pädagogisch beförderte Vernunft und Autonomie verwirklicht werden sollte. Heute werden fast alle Formen von Autorität nicht mehr als natürliche Gegebenheiten angesehen und haben ihre Selbstverständlichkeit verloren. Aufgrund der fortgeschrittenen Modernisierung und Individualisierung erscheinen nahezu alle Autoritätsansprüche als unzulässige Eingriffe in die individuelle Freiheit. Keine Abhängigkeit, keine Bedingung, die die individuelle Freiheit des einzelnen begrenzt oder einschränkt und die nicht dem Willen und Wirken der Subjekte entsprungen ist und ihnen gehorcht, ist von dem Verdacht frei, ein Gewaltverhältnis zu verbergen. Unschwer lässt sich darin der Nachklang eines Selbstverständnisses neuzeitlicher Subjektivität erkennen, in dem, immer weiter ausgreifend, das Walten heteronomer Mächte in Frage gestellt wurde und sich der Selbstbehauptungsanspruch der Subjekte immer radikaler hervorkehrte (Ebeling 1976).

So scheint Autorität nur noch eine besondere Form von Gewalt zu sein, die dieselben Effekte wie andere Formen von Zwang hervorbringt, nur mit anderen Mitteln. Autorität und Zwangsgewalt scheinen identisch oder wenigstens funktional äquivalent zu sein, das Verhältnis zwischen Autorität und Freiheit erscheint umgekehrt als ein unverträglicher Gegensatz.

Gegen diese Gleichsetzung von Autorität und Gewalt und gegen die Entgegensetzungen von Autorität und Freiheit besteht z.B. Hannah Arendt im ersten Fall auf ihrem Unterschied, weil eine Autoritätsbeziehung weder auf Zwang durch Gewalt noch auf argumentativem Überzeugen basiere, weder auf einer beiden Seiten gemeinsamen Vernunft noch auf der Macht des Befehlenden. „Was beide gemeinsam haben, ist die Hierarchie selber, deren Legitimität beide Parteien anerkennen und die jedem von ihnen seinen von ihr vorbestimmten, unveränderten Platz anweist" (Arendt 2000a, 160). Eine Gleichsetzung von Gewalt und Autorität würde nicht nur den grundsätzlichen Unterschied zwischen autoritärer und totalitärer Herrschaft einebnen, sondern auch die Gefahr mit sich bringen, „eine Ersatzautorität in Form von Zwangsherrschaft heraufzubeschwören, also die Freiheit zu beschneiden unter der Vorgabe, dass es ohne Gewalt, Autorität genannt, nicht geht" (ebda., 169). Hinsichtlich des Verhältnisses zwischen Autorität und Freiheit besteht sie dagegen auf ihrer Verbindung, da sonst die Differenz zwischen Autorität und Tyrannei unfassbar würde. Aufgabe der Autorität sei es immer gewesen, „Freiheit zu begrenzen und gerade dadurch zu sichern, so dass eine autoritäre Staatsform ihre eigentliche Substanz verliert, wenn sie die Freiheit schlechterdings abschafft" (ebda., 162). In dieser Perspektive bedeutete Autoritätsverlust gerade nicht notwendig Gewaltreduktion und Freiheitsgewinn, sondern es wäre auch ein totalitäres Gewaltregime denkbar, das keinerlei Freiheit ließe. Bei allem politischem Differenzierungsgewinn zwischen autoritärer, tyrannischer und totalitärer Herrschaft besteht der Preis für diese Position aber in einer tendenziellen Naturalisierung des Autoritätsverhältnisses, d.h. darin, wenigstens für vorpolitische Bereiche natürliche Autoritätsverhältnisse anzunehmen (Arendt 2000b, 272), und – damit zusammenhängend – die Bereitschaft, hierarchisch strukturierte Ungleichheiten als gegeben zu akzeptieren. Auch hier zeigt sich die Verwobenheit des Diskurses über Autorität mit ihr selbst in Form der Bereitschaft, eine Hierarchie als gegeben anzuerkennen.

Bevor die Implikation einer solchen Anerkennung selbst zum Thema werden kann, soll aber dieser Versuch, Autorität als die Klammer zwischen Zwang und Freiheit zu begreifen, am Beispiel des Autonomiebegriffs und des pädagogischen Paradoxons noch etwas verdeutlicht werden. In seiner Pädagogikvorlesung sagt Kant: „Der Mensch kann nur Mensch werden durch Erziehung. Er ist nichts, als was die Erziehung aus ihm macht" (Kant 1978b, 699). Zwar macht Erziehung nicht alles, da der Mensch bereits von Natur aus einiges mitbringt, aber doch liegt in der Erziehung das Geheimnis seiner Vervollkommnung. Denn das Besondere der menschlichen Natur ist seine Vernunftbegabung, d.h. seine Möglichkeit, sich von der Bestimmung seiner physiologischen Natur frei zu machen und sich das Gesetz seines Handelns selbst zu geben. Es ist die Möglichkeit der Vernunftautonomie, die die Gedanken über Erziehung bestimmt. Für Kant tritt mit dem Menschen die Natur in Differenz zu sich selbst, da der Mensch zugleich als physisch-sinnliche Natur und als vernunftbegabte Natur auftritt, als Körper- und als Geistwesen. Die erste, die tierische Natur hat er mit allen Lebewesen gemein, was ihn aber als Mensch auszeichnet, ist seine Vernunftbegabung. Diese muss er aber vermittels Erziehung erst ausbilden. Dank seiner Intelligibilität und seines freien Willens ist er in der Lage, sich über seine bloß tierische Natur zu erheben und aus der Unfreiheit der Naturkausalität herauszutreten. Nur der Mensch kann autonom sein.

Wie aber können die Menschen ihre Autonomie verwirklichen und zugleich einen sittlichen Zusammenhang bilden? Das geht nur durch Aufklärung, Verwirklichung der Freiheit und des Mutes, sich seiner Vernunft zu bedienen, auch gegen gesellschaftliche Konventionen. Fremdbestimmung soll durch Autonomie überwunden und der gesellschaftliche Zusammenhang gerade dadurch gestiftet werden. Autonomie heißt nämlich nicht Willkürfreiheit, sondern Selbstgesetzgebung, Achtung vor dem Gesetz der reinen praktischen Vernunft, das jeder in sich hat, d.h. aus freiem Willen nur lauter gute Zwecke zu verfolgen.

Ein guter Wille entsteht nun nicht automatisch. Es ist nämlich nicht einfach ein Wille, der das Gute will. Dann wäre das Gute als ein beliebiger Zweck bestimmbar, läge außerhalb des Willens und man könnte nur noch über die Mittel nachdenken, wie man es erreichen kann. Moral ist aber selbstzweckhaft. Der gute Wille muss in sich selbst gut sein, das Gute des Wollens muss im Wollen selbst liegen. Und folglich ist ein Wille nur gut, wenn das, was er will, alle wollen könnten, wenn er also die Form eines Gesetzes hat, aber ohne den Zwangsautomatismus eines Naturgesetzes. Der gute Wille muss folglich frei sein vom Naturzwang und sich *aus freien Stücken* dem Vernunftgesetz *unterwerfen*. Freiheit und Gesetz sind unendlich verschieden und fallen doch zusammen. Sonst wäre Moralität nichts anderes als die Verdauung, bei der man nicht anders kann. Moralität ist Selbstverpflichtung, die nur unter der Bedingung von Freiheit möglich ist. Erst durch Moralisierung wird der Mensch zu jemandem, der selbstbestimmt aus eigener Einsicht handelt und den Grund in sich selbst findet, sich also aus gesellschaftlichen Vorgaben gelöst hat. Ohne diese Emanzipation gibt es nur Nützlichkeitsüberlegungen und Rechtlichkeit, aber keine Moralität und Gerechtigkeit, die die Freiheit des anderen respektiert. Moralität wird aber nur durch Disziplinierung der Sinnlichkeit, Leidenschaften und Affekte erreichbar. Ohne Zwang keine Freiheit. Der Mensch muss erst eine Selbstdistanz erreichen, ohne die er den Schritt der Autonomisierung nicht vollziehen kann. Vergesellschaftung ist Voraussetzung, um sich davon distanzieren zu können. Aber das ist zugleich das Problem: „Eines der größten Probleme der Erziehung ist, wie man die Unterwerfung unter den gesetzlichen Zwang mit der Fähigkeit, sich seiner Freiheit zu bedienen, vereinigen könne. Denn Zwang ist nötig! Wie kultiviere ich die Freiheit bei dem Zwange?" (Kant 1978b, 711)

Die Paradoxie der Erziehung, Freiheit durch Zwang erreichen zu wollen, Selbst- durch Fremdbestimmung hervorzubringen, ist bei Kant nicht auflösbar. Dass Erziehung dennoch ihr Ziel erreichen kann, liegt an der Annahme der Möglichkeit einer Verschmelzung von Freiheit und Zwang in einem Akt der freiwilligen Unterwerfung, der Anerkennung der unbedingten Geltung des Kategorischen Imperativs als des höchsten Sittengesetzes, dessen Evidenz man sich nicht verschließen und dessen Forderung nach Achtung man sich zwar nicht entziehen kann, zu deren Erfüllung man sich aber gleichwohl frei entscheiden muss. Nur so entsteht für den Einzelnen die Verbindlichkeit und Verantwortlichkeit für sein Handeln. Er wird zugleich genötigt durch das Vernunft*gesetz*, das aber nur durch die freiwillige Achtung als *Vernunft*gesetz wirksam werden kann, also unterscheidbar von erzwungener Unterwerfung.

Die Autonomie verschiebt aber die Paradoxie nur, löst sie nicht. Denn schon Kant versteht das „höchste Gesetz" als etwas „Gegebenes": „Doch muß man, um dieses Gesetz ohne Mißdeutungen als gegeben anzusehen, wohl bemerken: daß es kein empirisches, sondern das einzige Faktum der reinen Vernunft sei, die sich dadurch als ursprünglich gesetzgebend (sic volo, sic iubeo) ankündigt" (Kant 1978a, 142/A57). Das moralische Gebot entspringt einem Paradox: Es wird gesetzt *und* es wird gegeben, es wird als *gegeben gesetzt*. Dieses Paradox wird zum Kern des Autoritätsbegriffs, der die Nötigung mit der freien Zustimmung verschweißt, weshalb er nicht nur, aber insbesondere für pädagogische Verhältnisse als unverzichtbar erscheint: Ohne Autorität keine Erziehung, sondern entweder repressive Dressur bzw. technologische Steuerung oder antipädagogisches Laissez-faire bzw. indifferente Beziehungslosigkeit.

In gewisser Weise ähnlich, wie Kant die Moralität begreift, spricht Max Weber von Herrschaft, bei der auch Autorität von Zwang unterschieden und mit Freiheit verbunden wird. Ausgehend von der Unterscheidung zwischen Macht und Herrschaft, konzentriert sich Weber auf die Frage der Legitimität von Herrschaftsverhältnissen. Macht als „jede Chance, in einer sozialen Beziehung den eigenen Willen auch gegen Widerstreben durchzusetzen" manifestiert sich in Konfrontationen und Kämpfen und bedroht soziale Ordnungen, wohingegen Herrschaft als „Chance, für einen Befehl bestimmten Inhalts bei angebbaren Personen Gehorsam zu finden" (Weber 1980, 28) die soziale Ordnung stabilisiert, insbesondere in institutionalisierter Form. Herrschaft, die sich manifestiert in Befehl und Gehorsam, setzt nämlich ihre Anerkennung seitens der Gehorchenden voraus. Bedingung für die Freiwilligkeit des Gehorsams ist allerdings der Glaube an die Rechtmäßigkeit und Geltung von Herrschaftsverhältnissen (Weber 1980, 122; 1988, 475). Dieser Glaube ist wiederum nur dann stabil, wenn Herrschaft nicht auf Interessen, Sitten oder Gewohnheiten basiert, sondern auf Autorität, wenn sie also Gehorsam als Pflicht erwarten kann und selbst als Befehlsgewalt legitimiert ist. Die willentliche Gefolgschaft ähnelt der Kantischen Moralität, weil Gehorsamkeit so verstanden wird, „als ob die Beherrschten den Inhalt des Befehls, um seiner selbst willen, zur Maxime ihres Handelns gemacht hätten" (Weber 1980, 544). Weber sagt explizit, ein „Minimum an Gehorchen*wollen* [...] gehört zu jedem echten Herrschaftsverhältnis" (ebda., 122). Herrschaft schließt auch Zwangsmittel aus, weil sie nur als legitimierte gültig ist und damit den Autoritätsglauben voraussetzt, dem der freiwillige Gehorsam entspringt. Zentrale Bedingung ist somit der Legitimitätsglaube, die Anerkennung der Herrschaft durch die von ihr Unterworfenen. Ohne diese Legitimität, ohne den Glauben an die Autorität gibt es damit keine Herrschaft, ohne den Glauben an das Bestehen einer legitimen Ordnung gibt es keine Möglichkeit eines sozialen Friedens. Die gesellschaftliche Ordnung gründet damit weniger auf Interessen, Sitten und Gebräuchen, Werten und Normen, sondern auf der Unterscheidung zwischen legitimer und illegitimer Herrschaft. Und die Autorität legitimer Herrschaft beruht auf drei möglichen Geltungsgründen: dem Glauben an die Rechtmäßigkeit des Rechts (legale Herrschaft), an die Heiligkeit der Tradition (traditionelle

Herrschaft) und den Glauben an die ungewöhnlichen Fähigkeiten eines Führers sowie an die von ihm personifizierten Werte und Ziele (charismatische Herrschaft) (ebda., 124).

Es ist also der Legitimitätsglaube, der den Gehorsam begründet, es sind nicht für den Fall des Widerstandes eventuell vorgehaltene Zwangsmittel, wobei der Legitimitätsglaube keineswegs durch natürliche, historische oder soziale Faktizitäten abgestützt werden muss, sondern aus dem Glauben an eine Erzählung resultiert. Weber spricht hier von dem „allgemeinen Tatbestand des Bedürfnisses jeder Macht [...] nach Selbstrechtfertigung" (ebda., 1980, 549), d.h. ihre Legitimität in Form einer Legende zu präsentieren, an deren Wahrheit geglaubt wird und die die Herrschaft für die Beherrschten als natürlich erscheinen lässt, als etwas, das man hinnehmen muss wie die Schwerkraft. Die subjektive Bereitschaft, sich einem Herrschaftssystem zu unterwerfen, gründet also in einem Glauben an ihre Legitimität. Und woher kommt der Glaube? Weber erwähnt zwar, dass die Herrschaftsordnung selbst mit dafür sorgt, den Legitimitätsglauben zu wecken und zu pflegen (ebda., 122), aber zum einen spricht er über Glauben, als handele es sich um eine rationale Entscheidung, an etwas zu glauben, und zum anderen vernachlässigt er die Frage, wie es zum Gehorchenwollen überhaupt kommen kann.

Es sind dies die schwer rekonstruierbaren, da zumeist unbewussten Prozesse, wie etwas zu etwas fraglos Selbstverständlichem wird, wie etwas als zweifellos normal hingenommen, als natürlich angesehen und somit für notwendig und unveränderlich gehalten wird, wie also Grundgewissheiten entstehen und quasiautomatische praktische Schemata des Wahrnehmens, Bewertens und Handelns. Bourdieu spricht von „doxischer Unterwerfung", die uns „durch alle Bande des Unbewussten [...] an die bestehende Ordnung kettet" (Bourdieu 2001, 226), der auch die – keineswegs freie und bewusste – Anerkennung der Legitimität geschuldet ist. Die „sanften Gewalten" (Bourdieu 1997) produzieren „symbolische Formen des gemeinsamen Denkens, soziale Grenzen der Wahrnehmung, der Verständigung und der Erinnerung" (Bourdieu 2001, 224) und zugleich einen Konformismus mit der vorgegebenen Ordnung, ein grundlegendes Einverständnis mit der sozialen Welt, das „weder als mechanische Unterwerfung unter eine Kraft noch als bewusste Zustimmung zu einer Ordnung verstanden werden kann" (ebda., 225). Schon Norbert Elias hatte in seiner Rekonstruktion des Zivilisationsprozesses (Elias 1978) gezeigt, wie der innere Mensch entstand, wie sich äußere Kontrolle in Selbstkontrolle transformierte, wie Fremdzwänge verinnerlicht und zu Selbstzwängen wurden. Gehorsamkeit hat eine Entstehungsgeschichte und wird durch körperliche Disziplinierungs- und unbewusste Unterwerfungsprozesse erst ermöglicht, weshalb die explizite Legitimierung von Herrschaftsverhältnissen immer erst nachträglich erfolgen kann: „Die Einwilligung, die der Einzelne gibt, in einer bestimmten Form mit Anderen zu leben [...] ist etwas Nachträgliches", ebenso wie die Rechtfertigung für seine Stellung in der Sozialordnung (Elias 1978, Bd.2, 475).

Für Pädagogen ist diese Einsicht nicht sehr überraschend, hatte doch schon Kant keinen Zweifel daran gelassen, dass Disziplinierung und Erziehung die Voraussetzungen für freiwilligen Gehorsam sind, dass Pädagogik bei jedem einzelnen den Prozess der Zivilisierung und Kultivierung von Neuem wiederholen muss, bevor die Moralität eine Chance hat. Für Kant wie für Elias und auch für Bourdieu lässt sich Autorität daher nicht von Macht, Zwang und Disziplinierung trennen, weil sich die scheinbare Freiwilligkeit der Anerkennung nur als Resultat einer Formierung, Erziehung, Disziplinierung oder Unterwerfung des Gehorchenden einstellen kann. Die Legitimität von Herrschaft und die Anerkennung von Autorität basieren in dieser Sicht zum einen auf einem induzierten Glauben an einen durch eine Legende konstruierten fiktiven Grund. Es ist ein Glaube, der nicht als ein bewusster Glaube zu verstehen ist, wie man z.B. sagt, man glaube an Gott, sondern er ist Teil des Selbstverständlichen, der natürlichen Einstellung bzw. des Alltagsbewusstseins, das getragen wird vom unbewussten oder präreflexiven Glauben an die Wirklichkeit, der selbst durch Machtverhältnisse hervorgebracht wird. Zum anderen können das Einverständnis, der Gehorsam, die Akzeptanz nicht als Legitimationsgrund von Herrschaft in Anspruch genommen werden, da die Zustimmung selbst zum Macht- und Autoritätsverhältnis dazugehört und miterklärt werden muss.

Die Frage, wie es zum Gehorchenwollen überhaupt kommen kann, zur Freiwilligkeit der Gefolgschaft, zur Zustimmung und Anerkennung einer Abhängigkeit lässt sich nicht nur mit Lacans struktural Psychoanalyse beantworten. Sie ist auch ein zentrales Thema in Michel Foucaults Genealogie der modernen Seele (Foucault 1977; 2004). In seinen Machtanalysen hat er gezeigt, dass eine Erklärung der Autoritätshörigkeit nur möglich ist, wenn man nicht von einer Trennung zwischen Individuum und Gesellschaft ausgeht, weil dadurch das freie Subjekt immer schon vorausgesetzt werden muss. Zudem ist das Subjekt nach Foucault keine Substanz oder ein psycho-physischer Rohstoff, der von außen, die Gesellschaft, seine Form erhält oder konditioniert wird, weil es durch machtförmige Subjektivierungsprozesse erst hervorgebracht wird (vgl. Lemke 2007). Das freie und autonome Vernunftsubjekt ist in dieser Sichtweise ein zwar fiktives, aber hoch realitätswirksames Selbstverständnis des modernen Menschen, das zusammen mit seinem Freiheitsbewusstsein und -gefühl aus Machtverhältnissen resultiert, in denen sich die Herrschaftstechniken über Individuen all derjenigen Prozesse bedienen, in und mit denen es auf sich selbst einwirkt. Selbst- und Fremdbestimmung, Freiheit und Zwang greifen von Anfang an ineinander, wofür Foucault den Begriff der „Technologien des Selbst" verwendet (Foucault 2005b). Damit sind nicht Techniken gemeint, die die Subjekte instrumentell zur Selbststeuerung einsetzen, sondern denen sie sich selbst erst verdanken. Das Subjekt kann damit als eine spezifisch historische Selbsttechnologie verstanden werden, in der Führung und Selbstführung durch die Regierung, die Führung der Selbstführungen, verbunden ist. Wie die Herrschaft bei Weber kommt auch die Regierung ohne Zwang aus, indem sie immer wieder ein labil bleibendes Gleichgewicht herstellt zwischen Zwangstechniken und solchen Prozessen, durch die das Selbst auf sich selbst einwirkt (Foucault 2004a).

Kurz, Verbote und Zwänge sind Elemente der Selbsttechnologien, Macht ist dem Subjekt nicht äußerlich (Foucault 1987). Dass man überhaupt Individuum und Gesellschaft, Freiheit und Zwang als ein Gegensatzverhältnis von sich wechselseitig ausschließenden Interessen oder Kräften begreift, gehört selbst mit zu einer Macht- und Wahrheitsordnung, die im Denken und Handeln wirksam ist und das Subjekt- und Wirklichkeitsverständnis formiert. Man gehorcht dieser „Wirklichkeits-" und Denkordnung und spielt die ihr entsprechenden Wahrheitsspiele mit, ohne dabei zu wissen, dass es sich um einen praktischen Gehorsam handelt, aber auch ohne sich darüber klar zu sein, dass jedes Sprechen und Handeln an Machtbeziehungen beteiligt ist, an „strategischen Spielen zwischen Freiheiten [...], in denen die einen das Verhalten der anderen zu bestimmen versuchen" (Foucault 2005a, 900). Da jedes Sprechen und Handeln, sofern es auch nur verstanden werden will, an andere adressiert ist und auf andere einwirkt, ist Macht das, was die Individuen verbindet und ihre Freiheit voraussetzt. Erst wenn Machtbeziehungen erstarren, werden sie bei Foucault zu Herrschaftszuständen, die die Freiheit einschränken und dauerhafte hierarchisch codierte Asymmetrien etablieren. Zwischen beiden Ebenen sind Regierungstechnologien etabliert, d.h. „sowohl die Art und Weise, wie man Frau und Kinder leitet, als auch die, wie man eine Institution führt. Die Analyse dieser Techniken ist erforderlich, weil sich häufig mit ihrer Hilfe die Herrschaftszustände errichten und aufrechterhalten" (ebda.). Der Ort von

Autorität liegt hier zwischen Macht und Herrschaft. Sie wird von jedem Sprechakt in Anspruch genommen, und jedes Handeln – worunter auch alle konsensuellen Handlungsformen fallen – tendiert stets dazu, Asymmetrien zu installieren und zu stabilisieren bei dem Versuch, diesen Ort zu besetzen. Autorität ist hier gebunden an Positionen in variablen Machtverhältnissen, die diskursiv organisiert sind, und der freiwillige Gehorsam des Subjekts ist selbst ein Resultat der Herrschaft, der es gehorcht.

IV. Dekonstruierbarkeit

Hannah Arendt konstatierte einen „Autoritätsverlust der modernen Welt", was bedeutet, „dass wir in der modernen Welt kaum noch Gelegenheit haben zu erfahren, was Autorität eigentlich ist" (Arendt 2000a, 159). Selbst die Eltern-Kind-Beziehung, dieses „uralte Modell für die Notwendigkeit von Autorität" (ebda., 164), habe seine Geltung durch eine extreme Autoritätsfeindlichkeit verloren, die Autorität mit Zwang und Gewalt gleichsetzten würde. Anstatt gegenüber den Kindern „die Verantwortung für die Welt zu übernehmen, in welche sie die Kinder hineingeboren haben" (Arendt 2000b, 271), verweigerten sich die Erwachsenen dieser Verpflichtung. Daher bestehe das Problem der Erziehung darin, „dass sie der Natur der Sache nach weder auf Autorität noch auf Tradition verzichten kann, obwohl sie in einer Welt vonstatten geht, die weder durch Autorität strukturiert noch durch Tradition gehalten ist" (ebda., 275). Autorität als Ordnungsprinzip ist demnach verschwunden, ihr Platz wäre zwar noch da, aber leer. Bis heute schwanken deshalb die Auffassungen zwischen den Diagnosen ihres Endes und der Reflexion auf ihre Zukunft (Monjo 2007). Weder eine Rückkehr zur traditionellen paternalen Autorität noch die Abschaffung jeglicher Ungleichheit in der Erziehung kommen deshalb als Lösungen in Frage (Foray 2007). Umgekehrt formuliert geht es darum, Kinder vor zu viel Freiheit zu schützen und sie zugleich von zu viel Schutz zu befreien (Renaut 2004, 181). Solange Autorität die selbstverständliche Klammer zwischen Zwang und Freiheit bildete, erschien Erziehung trotz dieser paradoxen Aufgabe nicht als Problem. Doch mit der Krise der Autorität, ihrer Reduktion auf Zwang und ihre Entgegensetzung zu einem Freiheitsverständnis, das weniger Autonomie als vielmehr völlige individuelle Unabhängigkeit intendiert, zeigt sich die Unmöglichkeit von Erziehung in ganzer Schärfe.

Die Frage nach der Autorität und diejenige nach der Möglichkeit von Erziehung hängen deshalb eng zusammen und kreuzen sich 1.

in der Frage nach herrschaftsfreien Formen einer asymmetrischen Beziehung, 2. der Frage nach der notwendig vergessenen, da einer grundlosen Gewalt geschuldeten Genese von Autorität, in deren Namen pädagogische Prozesse und Maßnahmen vollzogen werden, und 3. der Frage nach dem Glauben an die symbolische Autorität, weniger im Sinne eines nachträglichen Gehorsams gegenüber einem Verbot als vielmehr einer Erwartung einer versprochenen oder vermuteten Erfüllung. Der neuralgische Punkt, um den es in allen Fragen geht, ist das problematische Verhältnis zwischen Autorität und Gewalt, denn auch, wenn Autorität nicht mit Zwang und Gewalt identifiziert werden darf, so basieren sowohl die Legitimität von Autorität als auch die freiwillige Unterordnung doch auf einer unkenntlich gewordenen, vergessenen oder verdrängten Gewalt einer Gründung bzw. eines Traumas, Opfers oder Verzichts. Neuere sozialphilosophische Theorien widmen sich dieser Problematik und versuchen, diese Fragen jenseits der Alternative von konservativem Autoritätsglauben und radikaler Autoritätskritik neu zu beantworten. Denn einerseits hat sich der Versuch, Autorität absolut zu negieren, als illusionär herausgestellt, und andererseits ist die Aufforderung, Autoritäten wieder herzustellen, in sich widersinnig, da dies kaum ohne Zwang möglich wäre, der aber jede Autorität delegitimierte. So geht es allen Neueinsätzen zum einen darum, diesen falschen Alternativen zu entkommen. Zum anderen verstehen sich diese Ansätze nicht mehr als Legitimationsdiskurse. Vielmehr geht es darum, in diesen die Spuren der Gewalt und das Fortwirken der verdrängten Genese zu entziffern. So wird aus verschiedenen Perspektiven gezeigt, dass Autorität und Gesetz sich jeder Begründung entziehen und rational kaum legitimierbar sind.

Diese Problematik der Grundlosigkeit bzw. Unlegitimierbarkeit von Autorität stellt theoretisch wie praktisch eine neue Herausforderung dar. Bestand das Problem der Moderne für Hannah Arendt im Autoritätsverlust, dem Zerreißen des römischen Bandes zwischen Religion, Tradition und Autorität (Arendt 2000a, 198), d.h. dem Verschwinden eines ehemals Vorhandenen, so geht es nun nicht mehr um An- oder Abwesenheit von Autorität, sondern um ihren merkwürdigen Status zwischen Grundlosigkeit und Wirksamkeit, imaginären Gründen und nachträglichen Legitimationen. Was die drei oben genannten Fragen über den Verdacht hinaus, dass also der Grund von Autorität ein Gewaltproblem verbirgt, verbindet, das ist dieser rätselhafte Ort und fragwürdige Status von Autorität, der zu ihrer Neufassung herausfordert. Denn wenn es Autorität nicht einfach gibt, wenn sie also nicht in einer Wertordnung gründet oder einer natürlichen Quelle entspringt, sondern wenn der Platz der Autorität leer ist, dann wird sie – temporal und lokal begrenzt, aber unvermeidbar – durch diskursive Autorisierungen und gewaltbasierte Gründungen hervorgebracht und immer wieder bestätigt.

So ist, wie die Psychoanalyse nach Lacan zeigen konnte, Autorität eine notwendige Fiktion, ein Versprechen, das uneinlösbar ist, ohne welches es aber keine wirksamen (Übertragungs-) Beziehungen zu Anderen gäbe, weder therapeutisch noch pädagogisch, weder institutionell noch privat. Allerdings darf die Autorität des symbolischen Gesetzes auch nicht absolut sein: Der Vater *ist* nicht das Gesetz, sondern er spricht in seinem Namen, und das Subjekt *ist* nicht seine Sprache, sondern es ist gerade das, was als sprechende Instanz in ihr fehlt und sich in ihr von Aussage zu Aussage immer weiter aufschiebt, ohne sich als Subjekt des Aussagens je in dem erreichen zu können, *was* es sagt. Doch da dies sein einzig möglicher Existenzmodus ist, ist das Subjekt auf die Autorität der Sprache angewiesen. Entscheidend ist dann das Verhältnis, das das Subjekt zur Sprache einnimmt. Wenn die klassische paternale Autorität eine geltende (hierarchisch gegliederte) Ordnung repräsentiert, der sich das Subjekt unterwerfen muss, um eine Position und Identität in dieser Ordnung zu erhalten, dann wird sein Verhältnis zur symbolischen Ordnung (und damit zur Welt, zu Anderen und zu sich selbst) maßgeblich von der das symbolische Gesetz repräsentierenden Autorität strukturiert. Die Krise der Autorität besteht dann vielleicht nicht allein darin, dass die früher verborgenen Mechanismen ihres Funktionierens sichtbar werden und ihre immer schon bestehende Grundlosigkeit zu Tage tritt. Zwar zersetzt die Erkenntnis ihrer Kontingenz den Glauben an ihre Legitimität und damit die Bereitschaft, sich ihr zu fügen, ihr zu folgen, sie als überlegen anzuerkennen. Doch was als Nichtachtung der Gesetzesautorität erscheint, bedeutet nicht notwendig den Verlust jeglicher Ordnung. Es kann sich – z.B. bedingt durch die technisch-informatorische Transformation der medialen Weltzugänge – auch um ein sich veränderndes Verhältnis des Subjekts zur symbolischen Ordnung handeln, durch das auch das Verhältnis zum Anderen sich wandelt.

Dass der Andere aber weder als solcher eine Autorität ist, noch als jemand angesehen werden kann, der sie hat oder sie wenigstens repräsentiert, hat Levinas eindrücklich dargelegt. Der Andere ist als solcher absolut unzugänglich und vom Ich völlig getrennt. Unsere ganze Sprach- und Denkordnung ist nach Levinas nicht in der Lage, sein Erscheinen und seine Erfahrung so darzustellen, dass seine unendliche Andersheit letztlich nicht doch reduziert, vereinnahmt und damit einem aneignenden Verstehen und einer Gewalt der Identifikation untergeordnet wird. Denn eigentlich ereignet sich in der Begegnung des Anderen etwas ganz und gar Paradoxes, weil der Andere zugleich verletzlich ist und als übermächtig wahrgenommen wird, weil er das Ich zur Verantwortung ruft, es dabei aber völlig auf sich zurückwirft, weil er das Subjekt trotz dessen vorgreifender Erwartungshaltung gegenüber unerwarteten Ereignissen dennoch überrascht und zugleich ungreifbar bleibt, und weil er gerade durch die radikale Trennung vom Ich eine unaussprechliche Nähe zu ihm erreicht. So unterbricht der Andere die Egozentrik und die Selbstbehauptungsmacht des Subjekts, untersagt aber zugleich jeden Versuch seiner Identifikation und Vereinnahmung, d.h. er versagt sich selbst. Damit nimmt der Andere formal die paradoxe Stellung ein, die das Gesetz im Judentum innehat, da es nicht nur etwas verbietet, sondern, wie in Kafkas Erzählung, zugleich sich selbst verbietet, also das Verbotene *ist*. Das Gesetz ist das Verbot/ene. „Es untersagt sich und widerspricht sich, indem es den Mann in seinen eigenen Widerspruch einsetzt: Man kann nicht bis zu ihm gelangen, und um eine *Beziehung (rapport)* zu ihm zu haben, *muß man gerade keine, darf man keine* Beziehung zu ihm haben, *muß man die relatio unterbrechen.* [...] Das Gesetz ist verboten, aber dieses widersprüchliche Selbst-Verbot [...] ermöglicht, dass der Mensch sich ‚frei' selbstbestimmen kann, obwohl diese Freiheit sich als Selbst-Verbot, in das Gesetz einzutreten, annulliert" (Derrida 1992, 66f). Der Mann in Kafkas Erzählung „Vor dem Gesetz" ist dem Gesetz weder unterworfen noch ist er zu ihm vorgedrungen und bei ihm, sondern er kann nicht eintreten und bleibt daher außerhalb des Gesetzes.

Aus all den vorgetragenen Überlegungen folgt, dass Autorität weder eindeutig fassbar noch vermeidbar ist, dass sie fiktional und grundlos, aber zugleich wirksam und notwendig ist. Zwar kann Autorität nicht kritisiert werden, ohne selbst die Autorität einer Wahrheit oder ein unmögliches Jenseits jeglicher Autorität in Anspruch nehmen zu müssen, doch wäre es kurzschlüssig, deshalb auf jede kritische Distanzierung zu verzichten und sie nur deswegen zu bejahen, weil man sie nicht ein für alle Mal überwinden, weil man ihre unerbetenen Gaben nicht zurückgeben kann. Denn gerade weil sie grundlos und paradoxal verfasst ist, erweist sich Autorität als dekonstruierbar, indem der Gegensatz zwischen Zwang und Freiheit aus dem Gleichgewicht gebracht und destabilisiert wird, der in ihr versöhnt oder aufgehoben zu sein scheint. Weil sie in einem Prozess der Autodekonstruktion befangen ist und weil sie sich dekonstruieren lässt, so könnte man mit Derrida sagen, sichert Autorität zugleich die Möglichkeit, ihr nicht zu folgen und sich von ihr zu befreien. Gewiss, man bedarf der Autorität, um der Gefahr egomanischer Willkür und der Verkennung des Anderen nicht zu verfallen, man darf ihr aber im entscheidenden Moment nicht folgen, sondern muss sich von ihr befreien. Wie Hannah Arendt eindrücklich schrieb, waren es in Nazi-Deutschland nur sehr wenige, die moralisch schuldlos blieben, und zwar diejenigen, die aus Gewissensgründen nicht mitmachen *konnten*, für die Verbrechen auch dann Verbrechen blieben, wenn sie von der Regierung legalisiert wurden. Sie verweigerten sich nicht um irgendwelcher Werte willen oder um Geboten zu gehorchen, sondern nur, weil sie nicht folgen konnten, weil sie es wagten, selber zu urteilen, und weil sie nicht mit (sich selbst als) einem Mörder zusammen leben wollten (Arendt 2006, 51f). Die Weigerung zu urteilen ist nach Hannah Arend deshalb eine der größten Quellen des Bösen (ebda., 150). Die Freiheit zum Selber-Urteilen ist durch niemanden garantiert und kann von keiner Autorität erzeugt werden, mag diese auch als noch so gerecht erscheinen. Sie kann aber auch nicht durch eine Autorität verhindert werden, mag diese auch als noch so mächtig erscheinen. Diese Freiheit kann also nur von jedem einzelnen selbst erlangt werden. Dazu bedarf es keiner Führung.

Literatur

Adorno, Th.W. (1973): Studien zum autoritären Charakter. Frankfurt/Main 1973 (SV).
Arendt, H. (2000a): Was ist Autorität? In: Zwischen Vergangenheit und Zukunft. München, 159-200.
Arendt, H. (2000b): Die Krise der Erziehung. In: Zwischen Vergangenheit und Zukunft. München, 255-276.
Arendt, H. (2006): Über das Böse. Eine Vorlesung zu Fragen der Ethik. München.
Bennington, G. (1994): Derridabase. In: Ders./Derrida, J.: Jacques Derrida. Ein Portrait von Geoffrey Bennington und Jacques Derrida. Frankfurt/Main.
Bourdieu, P. (1997): Eine sanfte Gewalt. In: Dölling, I./Krais, B. (Hrsg.): Ein alltägliches Spiel. Geschlechterkonstruktion in der sozialen Praxis. Frankfurt/Main, 218-230.
Bourdieu, P. (2001): Meditationen. Frankfurt/Main.
Bröckling, U. (2007): Das unternehmerische Selbst. Soziologie einer Subjektivierungsform. Frankfurt/Main, 19-75.
Bueb, B. (2006): Lob der Disziplin. Berlin.
Bueb, B. (2008): Von der Pflicht zu führen. Neun Gebote der Bildung. Berlin.
Butler, J. (1997): Körper von Gewicht. Frankfurt/Main.

Campe, R. (2004): „"Es lebe der König!' – ,Im Namen der Republik.' Poetik des Sprechakts". In: Fohrmann, J.: Rhetorik. Figur und Performanz. Stuttgart, 557-581.
Derrida, J. (1991): Gesetzeskraft. Der „mystische Grund der Autorität". Frankfurt/Main.
Derrida, J. (1992): Préjugés. Vor dem Gesetz. Wien.
Derrida, J. (1993): Falschgeld. Zeit geben I. München.
Derrida, J. (2002): Unabhängigkeitserklärungen. In: Wirth, U. (Hrsg.): Performanz. Zwischen Sprachphilosophie und Kulturwissenschaften. Frankfurt/Main, 121-128.
Ebeling, H. (Hrsg.) (1976): Subjektivität und Selbsterhaltung. Beiträge zur Diagnose der Moderne. Frankfurt/Main.
Elias, N. (1978): Über den Prozeß der Zivilisation. Soziogenetische und Psychogenetische Untersuchungen. Bd.2. Frankfurt/Main, 312-434.
FAZ.NET: Milgram-Experiment wiederholt: Der Autorität noch immer hörig – Hintergründe – Feuilleton. http://www.faz.net/s/Rub117C535CDF414 415BB243B181B8B60AE/Do... 4B2DAC360DA629DF256E~ATpl~Ecom mon~Scontent~Afor~Eprint.html. Meldung vom 19.12.2008 (letzter Zugriff am 23.12.08, 19:35).
Foray, Ph. (2007): Autorität in der Schule – Überlegungen zu ihrer Systematik im Lichte der französischen Erziehungsphilosophie. In: Zeitschrift für Pädagogik, Jg. 53, H. 5, 615-625.
Foucault, M. (1977): Überwachen und Strafen. Frankfurt/Main.
Foucault, M. (1987): Das Subjekt und die Macht. In: Dreyfus, H.J./Rabinow, P.: Michel Foucault. Frankfurt/Main, 243-261.
Foucault, M. (2004): Hermeneutik des Subjekts. Frankfurt/Main.
Foucault, M. (2004a): Geschichte der Gouvernementalität. 2 Bde. Frankfurt/Main.
Foucault, M. (2005a): Die Ethik der Sorge um sich als Praxis der Freiheit. Schriften IV. Frankfurt/Main, 875-902.
Foucault, M. (2005b): Technologien des Selbst. Schriften IV. Frankfurt/Main, 966-999.
Freud, A. (2006): Das Ich und die Abwehrmechanismen (1936). Frankfurt/Main.
Freud, S. (1972): Die Traumdeutung. (1900) Studienausgabe Bd. II. Frankfurt/Main.
Freud, S. (1972): Drei Abhandlungen zur Sexualmoral (1905). In: Studienausgabe, Bd. V. Frankfurt/Main, 37-145.
Freud, S. (1974): Das Unbehagen in der Kultur. (1930) In: Studienausgabe. Bd. IX. Frankfurt/Main, 191-270.
Frey, H.-J. (1999): Die Autorität der Sprache. Lana/Wien/Zürich.
Gaschke, S. (2001): Die Erziehungskatastrophe. Kinder brauchen starke Eltern. Stuttgart/München.
Gerster, P./Nürnberger, Ch. (2001): Der Erziehungsnotstand. Wie wir die Zukunft unserer Kinder retten. Berlin.

Gruen, A. (2003): Die Konsequenzen des Gehorsams für die Entwicklung von Identität und Kreativität. Vortrag bei den 53. Lindauer Psychotherapiewochen, 12.04.2003 (www.lptw.de/archiv/vortrag/2003/gruen.pdf)).

Härtel, I. (2006): Autorität als Kipp- und Krisenfigur. Versuch über unheimliche, ambivalente und paradoxe Effekte. In: Herding, K./Gehrig, G. (Hrsg.): Orte des Unheimlichen. Die Faszination verborgenen Grauens in Literatur und bildender Kunst. Göttingen, 74-94.

Horkheimer, M./Fromm, E./Marcuse, H. u.a. (1970): Autorität und Familie. 2 Bde., Junius Verlag (Reprint der Ausgabe Librairie Félix Alcan. Paris 1936).

Kafka, F. (1970): Vor dem Gesetz. In: Sämtliche Erzählungen. Hrsg. v. P. Raabe. Frankfurt/Main, 131-132.

Kant, I. (1978a): Kritik der praktischen Vernunft. In: Werkausgabe Bd. VII. Hrsg. v. W. Weischedel. Frankfurt/Main.

Kant, I. (1978b): Über Pädagogik. In: Werkausgabe Bd. XII. Hrsg. v. W. Weischedel. Frankfurt/Main.

Krebs, A. (2000): Gleichheit oder Gerechtigkeit. Frankfurt/Main.

Krieger, R. (2008): „Zeitenwende" im pädagogischen Denken: Effekt eines heimlichen Lehrplans? In: Genkova, P./Abele, A.E. (Hg.): Lernen und Entwicklung im globalen Kontext. Lengerich, 94-108.

Lacan, J. (1978): Die vier Grundbegriffe der Psychoanalyse. Das Seminar XI. Olten.

Lefort, C. (1990): Die Frage der Demokratie. In: Rödel, U. (Hrsg.): Autonome Gesellschaft und libertäre Demokratie. Frankfurt/Main, 281-297.

Lemke, Th. (2007): Gouvernementalität und Biopolitik. Wiesbaden.

Levinas, E. (1983): Die Spur des Anderen. Freiburg/München.

Lühmann, H. (2006): Schule der Übertragung. In: Pazzini, K.-J./Gottlob, S. (Hrsg.): Einführungen in die Psychoanalyse II. Bielefeld, 97-118.

Lyotard, J.-F. (1987): Der Widerstreit. München.

Maxim, St. (2009): Wissen und Geschlecht. Zur Problematik der Reifizierung der Zweigeschlechtlichkeit in der feministischen Schulkritik. Bielefeld.

Mendel, G. (1973): Plädoyer für die Entkolonisierung des Kindes. Soziopsychoanalyse der Autorität. Freiburg.

Milgram, St. (1974): The perils of Obedience. In: Harper's Magazine.

Milgram, St. (1997): Das Milgram-Experiment. Zur Gehorsamsbereitschaft gegenüber Autorität. 14. Aufl. Reinbek b. Hamburg.

Monjo, R. (2007): Pädagogische Autorität: Unsicherheiten und Widersprüche. Eine Auseinandersetzung mit Alain Renaut und Myriam Revault d'Allonnes. In: Zeitschrift für Pädagogik, Jg. 53, H. 5, 639-350.

Montaigne, M.d. (1985): Essais, übers. v. H. Lüthy. Zürich.

Mouffe, Ch. (2008): Das demokratische Paradox. Wien.

Nietzsche, F. (1976): Die fröhliche Wissenschaft. In: Werke in 5 Bänden. Hrsg. v. K. Schlechta. Frankfurt/Berlin/Wien, Bd. II.

Noelle-Neumann, E./Petersen, T. (2001): Zeitenwende – Wertewandel 30 Jahre später. In: Aus Politik und Zeitgeschichte, 29, 15-22.

Pascal, B. (1978): Pensées. Über die Religion und über andere Gegenstände. Hrsg. u. übers. v. E. Wasmuth. Heidelberg.
Renaut, A. (2004): La fin de l'autorité. Paris.
Rötzer, F. (2008): Das Quälen von virtuellen Personen wird als real empfunden. In: Telepolis 24.12.2006, http://www.heise.de/tp/r4/artikel/24/24300/1.html (letzter Zugriff 03.01.2009).
Rogge, J.-U. (1993): Kinder brauchen Grenzen. Reinbek bei Hamburg.
Sennett, R. (1985): Autorität. Frankfurt/Main.
Sofsky, W./Paris, R. (1994): Figurationen sozialer Macht. Autorität – Stellvertretung – Koalition. Frankfurt/Main.
Veit, W./Rabe, H./Röttgers, K. (1971): Autorität. In: Ritter, J. u.a. (Hrsg.): Historisches Wörterbuch der Philosophie. Bd. 1, Sp. 724-733. Darmstadt.
Weber, M. (1988): Gesammelte Aufsätze zur Wissenschaftslehre, 7. Aufl. Tübingen.
Weber, M. (1980): Wirtschaft und Gesellschaft, 5. Aufl. Tübingen.
Wimmer, M. (1988): Der Andere und die Sprache. Berlin.
Wimmer, M. (2006): Dekonstruktion und Erziehung. Bielefeld.

Des Kaisers alte Kleider. Zur Ambivalenz von Autorität in der Moderne[1]

SUSANNE LÜDEMANN

I.

Wenn in der Moderne von Autorität die Rede ist, geht es meistens um deren ‚Verlust'. Sei es, dass dieser beklagt, sei es, dass er als „Ausgang des Menschen aus seiner selbst verschuldeten Unmündigkeit" (Kant) gefeiert wird – Einigkeit scheint darüber zu bestehen, dass Autorität (sei es politische, sei es erzieherische) in der Moderne fragwürdig, zweifelhaft, unwirksam geworden ist.

Als Parabel für diesen modernen Autoritätsverlust läßt sich schon Hans Christian Andersens Märchen über *Des Kaisers neue Kleider* von 1834 lesen. Es zeigt die Autorität des Herrschers als etwas, das dieser nicht schon einfach kraft seines Amtes oder seiner Persönlichkeit *hat*, sondern das ihm vom idealisierenden, autoritätsgläubigen Blick seiner Untertanen verliehen wird – das er infolgedessen aber auch allein dadurch verlieren kann, dass der *Blick* dieser Untertanen sich ändert. Das Märchen zeigt die Autorität des Herrschers als eine kollektive Fiktion – es lässt aber offen, wie diese Fiktion zu bewerten sei. Mindestens zwei Lesarten des Märchens sind daher gegenwärtig im Umlauf.[2] Die eine insistiert auf dem Standpunkt des „unschuldigen" Kindes, d.h. auf der Nacktheit des Kaisers; ihr zufolge zeigt das Märchen, „wie weit Schwindler es in einem System aus Feigheit und Konformismus bringen können"

---

[1] Der Beitrag erschien zuerst unter dem Titel: Des Kaisers alte Kleider. Notizen zu einem Buch Pierre Legendres (in: B. Ossege, D. Spreen, S. Wenner (Hrsg.), Referenzgemetzel. Geschlechterpolitik und Biomacht. Festschrift für Gerburg Treusch-Dieter, Tübingen 1999, S. 119-133) und wurde für den vorliegenden Band überarbeitet und erweitert.

[2] Vgl. zu einer ausführlichen Deutung des Märchens und seiner verschiedenen Varianten Thomas Frank, Albrecht Koschorke, Susanne Lüdemann, Ethel Matala: Des Kaisers neue Kleider. Über das Imaginäre politischer Herrschaft. Texte, Bilder, Lektüren, Frankfurt a. M. 2002.

(Grasskamp 1998: 354). Psychologisch gesehen, so Walter Grasskamp, sei „ihr Erfolg leicht verständlich: Sie bringt ihre Anwender in die Position des unvoreingenommenen Beobachters, der sich nichts vormachen lässt" – mit Niklas Luhmann könnte man sagen: der nur sieht, was er sieht, und nicht sieht, was er nicht sieht – „und daher mutig wirkt. Das Kind, das in dem Märchen den Betrug entlarvt, ist ja keineswegs naiv, sondern ein Protagonist der Moderne. Indem es den Schwindel, der gerade dabei ist zum Mythos zu werden, zerstört, betreibt es das Geschäft der Entzauberung" (Grasskamp 1998: 354). Die zweite Lesart ist komplizierter. Sie insistiert auf dem Standpunkt der „Betrüger", mithin darauf, dass jeder gesellschaftliche Beobachter, der nicht bereit ist, (auch) zu sehen, was er nicht sieht, entweder dumm ist oder „für sein Amt nicht taugt". Diese Lesart geht von einer für jede menschliche Gesellschaft – ob Monarchie oder Demokratie – gegebenen Notwendigkeit aus, ihren unausweichlichen Mangel an Konsistenz durch Fiktionen oder Phantasmen zu kompensieren (Žižek 1994: 15). Ihr zufolge zeigt das Märchen, wie brüchig das Gewebe solcher gesellschaftskonstituierenden und -erhaltenden Fiktionen in der Moderne geworden ist: Diejenigen, die es weben – und zwar nicht aus Leinwand oder Seide, sondern aus Worten – können nur noch als Betrüger, das Gewebe des Mythos kann nur noch als Schwindel oder Ideologie angeschrieben werden. Der Einspruch eines unmündigen Kindes genügt, den kostbaren Stoff zu zerreißen, die Autorität ihrer Glaubwürdigkeit zu entkleiden. Dass es nur noch dieses kleinen Anstoßes bedarf, um die gemeinsame Illusion in nichts zu zerstäuben, zeigt allerdings, dass die Erwachsenen die Instanz dieses „Kindes", den Blick des modernen Subjekts, in sich selbst schon ausgebildet haben: Schon zu Beginn des Märchens ist die Kraft der Idealisierung ja nicht mehr stark genug, sie wirklich sehen zu lassen, was sie nicht sehen – lediglich der Glaube, dass die anderen sehen, trägt noch eine Weile, bis schließlich jenes naseweise Kind unwiderruflich die Stimme seiner „Unschuld" erhebt.

Wollte man den modernen, den emanzipierten Blick auf die Autorität, um dessen Genese das Märchen kreist, näher charakterisieren, so müsste man ihn wohl einen naturalistischen, *à la limite* einen positivistischen heißen: Für Realität gilt ihm nur noch die krude Materialität der sprichwörtlichen „nackten Tatsachen", während er – infolgedessen – zwischen den „zwei Körpern des Königs" nicht mehr zu unterscheiden weiß: Er nimmt den natürlichen, sichtbaren und sterblichen Leib der Autorität unmittelbar zugleich für den politischen, unsterblichen und unsichtbaren. Der König als natürliche Person und der König als Träger des von ihm inkarnierten Amtes fallen für diesen Blick in eins, und eben das, so könnte man sagen, macht auch die „Nacktheit" des Kaisers im Märchen aus: Es ist letztlich der positivistische Blick, der ihn der schützenden Hülle seiner Würde, des Glaubens an die Autorität seines Amtes entkleidet und seinen sterblichen, menschlich-allzumenschlichen Leib für aller Augen unübersehbar, nackt eben, zurücklässt. So bewahrheitet sich, umgekehrt, am Märchenstoff, dass in der Französischen Revolution nicht (nur) der natürliche Körper des Königs, sondern in erster Linie sein politischer Körper „geköpft" worden war: Die Hinrichtung Ludwigs XVI. im Januar 1793 bedeutete zugleich die Hinrichtung der Monarchie als politischer Form, auch wenn es noch eine Weile dauern sollte, bis die letzten europäischen Könige abgedankt hatten oder endgültig zu Operettenfiguren geworden waren. Seit der Französischen Revolution dient der Verweis auf den sterblichen Leib der Fürsten immer wieder als Entzauberungsargument gegen die angemaßte Autorität ihres Amtes, zugleich aber auch gegen die an dieses Amt geknüpften gesellschaftlichen Konstruktionen der Referenz. So heißt es beispielhaft in Georg Büchners *Hessischem Landboten*:

> „Die Anstalten, die Leute, von denen ich bis jetzt gesprochen, sind nur Werkzeuge, sind nur Diener. Sie tun nichts in ihrem Namen, unter der Ernennung zu ihrem Amt steht ein L., das bedeutet Ludwig von Gottes Gnaden, und sie sprechen mit Ehrfurcht: ‚Im Namen des Großherzogs'. Dies ist ihr Feldgeschrei, wenn sie euer Gerät versteigern, euer Vieh wegtreiben, euch in den Kerker werfen. ‚Im Namen des Großherzogs' sagen sie, und der Mensch, den sie so nennen, heißt: unverletzlich, heilig, souverän. Aber tretet zu dem Menschenkinde und blickt durch seinen Fürstenmantel. Es ißt, wenn es hungert, und schläft, wenn sein Auge dunkel wird. Sehet, es kroch so nackt und weich in die Welt wie ihr und wird so hart und steif hinausgetragen wie ihr, und doch hat es seinen Fuß auf eurem Nacken..." (Büchner o. J.: 173).

Ist der „Fürstenmantel" erst einmal durchsichtig geworden, steht auch der Name-des-Vaters auf dem Spiel. „Im Namen des Volkes" heißt es statt dessen in den modernen Demokratien, die seither entstanden sind. Auch dies ist eine gesellschaftliche Konstruktion der Referenz, die Bezugnahme auf eine Quelle von Autorität: der Autorität von Regierungen, Parlamenten und Gerichten, die „im Namen des Volkes" Gesetze erlassen, Entscheidungen treffen und Urteile fällen. Und auch der politische Körper des Volkes ist in gewisser Weise fiktiv: Wenn es in den Präambeln der europäischen Verfassungen heißt, „das Volk" habe sich kraft seiner verfassungsgebenden Gewalt das folgende Grundgesetz gegeben[3], so ist doch immer klar, dass es diese ‚Urszenen' politischer Autorität so nie gegeben hat. Versammelt haben sich immer nur einige wenige, Verfassungsväter genannt oder Parlamentarischer Rat, die schon in den Anfängen *für* das Volk und *im Namen* des Volkes gesprochen haben. Autorität erweist sich auch hier als eine Fiktion, die an die nachträgliche Konstruktion einer Gründungsreferenz gebunden ist.

Was die modernen Volksdemokratien von den alteuropäischen Monarchien unterscheidet, ist also weder, dass es in ihnen keine politische Autorität mehr gibt, noch dass die demokratischen Konstruktionen der Referenz weniger fiktiv wären als die monarchischen. Was sich geändert hat, ist aber, dass sich politische Autorität in der Moderne nicht mehr im Bild eines Vaters verkörpert, der, für alle sichtbar, den Ursprung und die Legitimität politischer Macht verbürgt.

In der Geschichte europäischer Institutionen war Autorität stets an das Amt des Vaters gebunden. Das gilt schon für die römischen Ursprünge des Begriffs, der sich hier einerseits auf den *Vormund* bezieht, der die Rechtsgeschäfte seines Mündels kraft seines Amtes beglaubigen muss, andererseits auf die *patres,* die Oberhäupter des römischen Adels, die dieselbe Funktion für die Beschlüsse der Gesetzgebungs- und Wahlkomitien ausübten:

> „*Auctores* sind in alter Zeit die *patres* für alle Beschlüsse der Gesetzgebungs- und Wahlkomitien, die erst durch diese nachträglich erteilte *auctoritas* Gültigkeit erlangen. Das Gemeinsame der beiden Fälle ist dies: Mündel und Volk sind entschlossen, sich in einer bestimmten Richtung zu binden; diese Bindung kann aber nicht zustande kommen ohne die Mitwirkung eines anderen, einzig dazu berechtigten, seine *auctoritas*; und diese besteht nur darin, dass der *auctor* sein Einverständnis zu erkennen gibt. (...) Wir dürfen also wohl die [zwei] Fälle so zusammenfassen: *auctor* ist, wer die von einem anderen auszuführende Handlung (oder, was auf dasselbe hinauskommt, den Entschluß

---

[3] So heißt es exemplarisch im Grundgesetz der Bundesrepublik Deutschland (Präambel): „Im Bewußtsein seiner Verantwortung vor Gott und den Menschen, von dem Willen beseelt, als gleichberechtigtes Glied in einem vereinten Europa dem Frieden der Welt zu dienen, hat sich das Deutsche Volk kraft seiner verfassungsgebenden Gewalt dieses Grundgesetz gegeben.
Die Deutschen in den Ländern Baden-Württemberg, Bayern, Berlin, Brandenburg, Bremen, Hamburg, Hessen, Mecklenburg-Vorpommern, Niedersachsen, Nordrhein-Westfalen, Rheinland-Pfalz, Saarland, Sachsen, Sachsen-Anhalt, Schleswig-Holstein und Thüringen haben in freier Selbstbestimmung die Einheit und Freiheit Deutschlands vollendet. Damit gilt dieses Grundgesetz für das gesamte Deutsche Volk."

dazu) maßgeblich und wirkungsvoll gutheißt; das ‚maßgeblich' enthält zugleich in sich, dass dabei eine gewisse Verantwortung vom Gutheißenden übernommen wird" (Heinze 1960: 45f.).

Autorität, so dürfen wir vielleicht etwas freier formulieren, haben in römischer Perspektive die, denen es zukommt, das Handeln anderer in seiner Legitimität zu beglaubigen, und sie haben diese Autorität kraft ihres Amtes (als Vormund oder Senatsmitglied). *Auctores* sind also die, die das Gesetz verbürgen, unter denen das Handeln aller steht.

Unabhängig davon nun, wie sich Autoritäten in der Geschichte Europas jeweils für ihr Amt qualifizierten – durch Geburt oder Vertrag, durch die Nähe zum Ursprung (wie in Rom) oder zu Gott (wie im Fall der christlichen Päpste und Könige), durch natürliche oder angeblich natürliche Überlegenheit (der Eltern über ihre Kinder, des Lehrers über die Schüler oder des Ehemanns über seine Frau), durch besonderes Wissen oder durch persönliches Charisma –, wichtig ist in historischer Perspektive zunächst, dass die Gestalt des *auctor* immer eine väterliche war. Dabei darf Vaterschaft aber nicht, wie es heute üblich geworden ist, im biologischen Sinn verstanden werden. Diese Biologisierung des Vaters ist vielmehr schon Ausdruck der Krise des Vateramts und, in eins damit, der Krise der Autorität. ‚Der Vater', das ist oder war in dem hier interessierenden Sinn vielmehr eine symbolische, eine institutionelle Kategorie.

Was das heißt, möchte ich im Folgenden an einem Fallbeispiel erläutern, das ich einem Buch des französischen Rechtshistorikers und Psychoanalytikers Pierre Legendre entnehme. Es trägt den Titel *Das Verbrechen des Gefreiten Lortie. Abhandlung über den Vater* (Legendre 1998) und nimmt einen Vatermord besonderer Art zum Anlass, die institutionellen Konstruktionen der Autorität und ihre heutige Krise zu kommentieren. Dass Legendre in dem entworfenen Szenario eine extrem konservative, ‚autoritätsfreundliche' Position einnimmt, möge die Leserin oder den Leser nicht stören. Man mag damit einverstanden sein oder nicht – der Konservatismus hat allemal den Vorteil der Deutlichkeit. In den Termini von Andersens Märchen gesprochen, insistiert Legendre auf dem Standpunkt der „Betrüger", mithin jener, die dem Kaiser ein fiktives Gewand aus Worten weben. Ja, mehr noch: Legendre betätigt sich selbst als ein solcher ‚Betrüger', seine *Abhandlung über den Vater* ist das Gewand, mit der er die Nacktheit des Kaisers verhüllt. Seinem Buch stellt er nicht zufällig als Emblem das Fragment eines Kaisermantels voran, der Heinrich II. zugeschrieben und im Bamberger Dom aufbewahrt wird. Auf diesem verblassten Stück Stoff, von dem im übrigen nicht ganz klar ist, ob es wirklich zu dem überaus prunkvollen „Sternenmantel" Heinrichs II. oder nicht vielmehr zum Chorgewand seiner Frau Kunigunde gehört hat, ist schemenhaft der auf seinem Thron sitzende Kaiser zu erkennen: Der auf seinem Thron sitzende Kaiser trägt einen Mantel, auf dem der auf seinem Thron sitzende Kaiser abgebildet ist, der einen Mantel trägt, auf dem... Des Kaisers alte Kleider erscheinen im Emblem dieser „Lektionen" als

> „schützende und abschirmende Leinwand, auf der die Riten und Mythologien opak und einem Traum gleich sich abzeichnen (...), in Formen und Inszenierungen, die weit über die Rede hinausgehen. (...) Ob es sich nun um den Mantel Heinrichs II. oder um das Chorgewand seiner Gemahlin Kunigunde handelt, ist für uns nicht entscheidend. Das Wesentliche liegt vielmehr in diesem rituellen Gewand der Familie selbst, die das souveräne Gesetz inkarniert, es liegt in der prunkvoll ausgestatteten Einkleidung, in der sich uns das Bild des souveränen Herrn des Gesetzes, der den Weltkreis in seiner Hand hält, zu lesen gibt. Aus solchem Stoff sind die Inszenierungen der absoluten Referenz gewirkt, die in diesem Fall nach Art der mittelalterlichen Theologie der Macht dargestellt wird. Ihre Kraft liegt darin begründet, dass sie den mythologischen Raum der Institutionen öffnet, in den sich das Im-Namen-von einzeichnen kann, jenes Im-Namen-von, das Grund und Garant des Verbots ist. Der Parrizid ist die Subversion dieses Verbots" (Legendre 1998: 25; 26f.).

Schützen und abschirmen soll das kaiserliche Prunkgewand also nach dem Willen Legendres nicht nur den sterblichen, natürlichen Leib des Herrschers, der in der Moderne als die „nackte Wahrheit" der Autorität zutage getreten wäre, sondern auch jene Leerstelle der symbolischen Ordnung, jenen „Abgrund", den Legendre mit dem Namen der Absoluten Referenz belegt (und deren letzte, eben moderne *camouflage* vielleicht gerade darin bestünde, sie „in brutale Körperlichkeit auf(zu)lösen), in die Körperlichkeit von wissenschaftlich beobachtbarem Fleisch" (Legendre 1998: 24). Schützen und abschirmen sollen die Inszenierungen der Autorität damit aber auch das Auge des Betrachters: vor dem Blick in jenen Abgrund nämlich, den selbst der nackte Körper des Kaisers noch wirksam verstellt. Legendre möchte, so scheint es jedenfalls, dem Kaiser seine alten Kleider wiedergeben, um die gesellschaftlichen Konstruktionen der Referenz zu retten. Wer „Krieg den Palästen" sagt, so könnte man seine Botschaft mit und gegen Büchner übersetzen, wird auch über die Hütten keinen Frieden bringen.

II.

Am 8. Mai 1984 drang Denis Lortie, Gefreiter der kanadischen Armee, zum Zeitpunkt der Tat 25 Jahre alt, schwerbewaffnet in die Nationalversammlung von Quebec ein, in der Absicht, die Regierung zu töten. Er stürmte durch die Gänge des Parlamentsgebäudes, schoss mit einer automatischen Handfeuerwaffe um sich und gelangte nach kurzer Zeit in den Sitzungssaal des Parlaments. Womit er nicht gerechnet hatte: Der Saal war leer, die Nationalversammlung tagte nicht. Lortie setzte sich auf den leeren Platz des Präsidenten. Verhandlungen begannen, man versuchte, ihn zu entwaffnen. Schließlich gab er auf. Die Bilanz des Amoklaufs: drei Tote und acht Verletzte. Auf die Frage, warum er die Regierung habe töten wollen, antwortet Lortie später während des Prozesses mit dem Satz: „Die Regierung hatte das Gesicht meines Vaters." Und es ist wohl dieser Satz, der Pierre Legendre zunächst dazu veranlasst, den Fall Lortie als einen Fall von Vatermord zu behandeln. Das ist zunächst eine gewagte Konstruktion, und vor allem juristisch auch kaum plausibel zu machen; denn Lortie hat *de facto* weder seinen Vater noch die Regierung als dessen Stellvertreter getötet, sondern drei Parlamentsangestellte, die ihm zufällig im Weg standen. „Warum", so Legendre selbst, „Lortie als Vater- und Verwandtenmörder betrachten, wenn er doch physisch weder einen Elternteil noch sein Kind getötet hat? Was besagt für uns Europäer heute die Idee eines Vaters, dessen Körper abwesend ist?

Lortie selbst reicht uns einen Schlüssel, wenn er im Nachhinein vom ‚Gesicht meines Vaters' spricht. Übersetzt und auf die institutionelle Bühne übertragen, würde ich in scholastischen Begriffen argumentieren und sagen: sein Vater war körperlich abwesend *(absens corpore)*, als Autorität aber anwesend *(praesens auctoritate)*" – während der Märchenkaiser, wir kommen auf ihn zurück, *praesens corpore* und (eben dadurch, möglicherweise) *absens auctoritate* war. „Hat Lortie also Bilder, hat er in effigie getötet? Und warum dann diese Bilder, die er sich am politischen Ort der souveränen Machtausübung ausgesucht hat? (...) Wie sind solche Morde zu begreifen? Kann man sie überhaupt begreifen, die Morde, wo einer jemanden an der Stelle eines anderen tötet, die stellvertretenden Morde?" (Legendre 1998: 27)

Legendres Buch, das um das Drama des Denis Lortie herum das ganze Gründungstheater einer Kultur verhandelt, kreist um die Frage, wie in einer Gesellschaft die Logik des Verbots mit dem Vateramt *(office du père)* und dem Vernunftprinzip *(principe de Raison)* zusammenhängt. In *einer* Gesellschaft: nach Legendre letztlich aber in *jeder* Gesellschaft, d.h. in der menschlichen Gesellschaft oder, wie es auch öfters heißt, in der sprechenden Spezies. Keine menschliche Gesellschaft, so Legendre, könne auf die Institution des Verbots verzichten (es sei denn, um den Preis der Psychose). Dieses notwendige, gesellschaftskonstituierende Verbot betrifft, wie schon bei Freud, vor allem Inzest und Mord als diejenigen Verbrechen, die nicht nur diese oder jene Person betreffen, sondern Anschläge auf die symbolische Ordnung als solche darstellen. Die Institution des notwendigen Verbots ist, so Legendre weiter, an die Institution des *office du père*, des symbolischen Vaters, gebunden, insofern das Amt *(office)* dieses Vaters darin besteht, das Vernunftprinzip zu garantieren.

Das „Vernunftprinzip"[4], von Heidegger als der Grund-Satz aller Grund-Sätze abendländischer Logik angeschrieben (vgl. Heidegger 1986: 21), verweist darauf, „dass der menschliche Verstand selbst überall und stets, wo und wann er tätig ist, alsbald nach dem Grund Ausschau hält, aus dem das, was ihm begegnet, so ist, wie es ist" (Heidegger 1986: 13). Bei Legendre ergibt sich aus dem *principe de Raison* dann alsbald auch die *présomption de Raison*, von Clemens Pornschlegel übersetzt mit „Vernunftvermutung": Der Satz vom Grund besagt, dass man einen Grund, aus dem etwas ist, auch dort vermuten oder unterstellen darf bzw. muss, wo man diesen Grund nicht kennt, wo er nicht auf der Hand liegt. Das *principium rationis* erweitert sich so zum *principium reddendae rationis*, zum Satz vom „zurückzugebenden" Grund; als *présomption de Raison* spricht der Satz vom Grund also weniger vom zuverlässigen Gegebensein von Gründen als vielmehr von der *Notwendigkeit der Be-gründung*. Eine Übersetzerfußnote bei Legendre (Legendre 1998: 45) vermerkt freilich, dass dieser *présomption de Raison*, dieser Vernunft- oder Grundvermutung, der deutsche Begriff der Zurechnungsfähigkeit entspricht. Das ist dann bereits eine subjektivierte Kategorie: Die Zurechnungsfähigkeit oder die Vernunftvermutung ist die Basis, auf der ein Subjekt als der verantwortliche Urheber, als der Grund seiner Handlungen in Frage kommt, als das Zugrundeliegende *(subjectum, hypokeimenon)*, aus dem diese Handlungen kommen (und dem sie daher auch zugerechnet werden können). Zirkulär erweist sich diese zunächst nur vermutete Vernunft oder Zurechnungsfähigkeit darin, dass das Subjekt fähig ist, nun nicht mehr nur seine Sätze, sondern seine Taten zu begründen, den Grund zu sagen, aus dem es etwas

---

[4] Das Vernunftprinzip (frz.: principe de Raison) steht dafür, dass nichts ohne Grund ist, in der Formulierung von Leibniz: „nihil est sine ratione".

getan hat, zwischen sich und seinen Taten ein Band aus (begründenden) Sätzen zu knüpfen.

Wenn Legendre sagt, das Amt des Vaters bestehe darin, die Institution des notwendigen Verbots zu gewährleisten, indem er das Vernunftprinzip garantiert, dann heißt das also einerseits, dass der Vater für die Ableitung oder Begründung der Verbote zuständig ist – aus dem, was bei Legendre die *Absolute Referenz* heißt, das wäre so etwas wie der Grund aller Gründe –, andererseits heißt es, dass er darüber zu wachen hat, dass die Subjekte sich im Bezug auf diese Verbote selbst als „zurechnungsfähige", d.h. für deren Einhaltung oder Überschreitung selbstverantwortliche konstituieren können. Eben dort konvergiert Legendres Auffassung des Vateramts mit dem klassischen Begriff der Autorität, insofern der *auctor*, wie wir gesehen haben, das Gesetz verbürgt, das Handeln anderer in seiner Legitimität zu beglaubigen hat. Wenn es in Legendres Text weniger um den positiven Akt des „maßgeblichen Gutheißens" (Heinze) als um den negativen Akt des Verbots als ein nicht minder ‚maßgebliches Schlechtheißen' geht, so ist doch das eine ohne das andere nicht zu denken. Beinhaltet die Erfordernis, die Autorisierung einer Handlung durch den *auctor* einzuholen, schon im alten Rom die Möglichkeit, dass diese auch ausbleiben, die beabsichtigte Handlung mithin schlechtgeheißen werden kann, so betont Legendre umgekehrt gerade auch die positiven Wirkungen des Verbots: Die Institutionen des Verbots und des Vateramts sind ihm zufolge notwendig, damit die Subjekte überhaupt als Subjekte instituiert werden können.

Die Geschichte des Gefreiten Lortie und seines Amoklaufs dient nun dazu, den Beweis für die Unerläßlichkeit der skizzierten Konstruktion gleichsam *ex negativo* zu liefern, anläßlich eines Falles, in dem die väterliche Autorität versagt hat und daher diese grundlegende Subjektivierung, die Institution des späteren Angeklagten als Subjekt nicht oder nur unvollständig geleistet worden ist.

Das Gründungs- oder Begründungsgefüge, innerhalb dessen dieser Fall als Fall, also exemplarisch, figuriert, hat dabei seinerseits drei bis vier Ebenen, aufsteigend vom Besonderen zum Allgemeinen oder absteigend vom Allgemeinen zum Besonderen (wobei die Bewegungsrichtung keineswegs gleichgültig ist). Legendre selbst wählt in seiner schriftlichen Präsentation den Weg vom Allgemeinen zum Besonderen (die Fallgeschichte selbst findet sich erst im Mittelteil der Studie), und ich bin ihm hier zunächst insofern gefolgt, als Legendre für alles bisher Skizzierte universale Geltung beansprucht: keine menschliche Gesellschaft ohne die Institutionen des Verbots, des Vaters und des Subjekts, zusammengehalten durch das „Gründungsgefüge" des Vernunftprinzips. Legendre spricht in diesem Zusammenhang von dem „Unerbittlichen der Struktur" als der „Existenz des Unbegreiflichen, eines Sachverhalts, der sich auf normale Weise gar nicht sagen läßt, der aber trotzdem unabweisbar da ist und um den die Menschheit immer gewußt hat" (Legendre 1998: 28).

Unterhalb dieser reklamierten Universalität gibt es dann das, was man die kulturspezifischen Realisierungen der Struktur, insbesondere in den politischen und rechtlichen Ordnungen, nennen könnte. Diese kulturelle Ebene schreibt Legendre als christlich-römisch-abendländisch an, unter besonderem Akzent, wie immer bei ihm, auf dem römischen Recht und den mittelalterlichen Glossatoren.[5]

Wiederum unterhalb dieser Ebene gibt es regionale Varianten der kulturellen Form, im gegebenen Fall die rechtliche und politische Ordnung Kanadas im Jahr 1984; und schließlich gibt es innerhalb oder unterhalb dieses strukturellen und institutionellen Gefüges das Leben des Denis Lortie und das Drama seiner Subjektivität, dessen Spuren im Text Legendres ich mich jetzt zuwenden will.

Die Vorgeschichte des Verbrechens ergibt zunächst, wie sollte es anders sein, einen Vater, Lortie senior, der seines Amtes nicht waltete: ein trinkender, prügelnder Hordenvater, für den auch das Inzestverbot nicht galt – unter den acht Geschwistern, mit denen Denis Lortie, in einer jener Büchnerschen „Hütten" am untersten oder äußersten Rand der Gesellschaft, aufwuchs, war auch ein jüngerer Bruder, den der Vater mit einer von Lorties Schwestern gezeugt hatte. Dieser Vater war 1969, als Lortie junior zehn Jahre alt war, angezeigt und zu drei Jahren Haft verurteilt worden. Seit seinem Gefängnisaufenthalt war er verschwunden; zum Zeitpunkt des Prozesses weiß man nicht, ob er noch lebt oder schon tot ist.

Aus der Familiengeschichte erwähnt Legendre ein weiteres Motiv, das an die Freudsche Erzählung vom Urvatermord gemahnt: In der Zeit, als Lorties Vater angezeigt und verhaftet wurde, „schmiedeten die drei ältesten Söhne ein Komplott gegen den Vater. Sie versteckten Waffen in ihrer Wohnung (Stricke, Knüppel, Werkzeuge) und wollten sie gegen den Vater einsetzen, falls er wieder über einen von ihnen herfallen würde. (...) Fünfzehn Jahre später sollte Denis Lortie die Phantasie des Vatermords tatsächlich ausagieren – als Wahnsinnstat" (Legendre 1998: 128).

---

[5] Es ist vielleicht nicht überflüssig anzumerken, dass das Römische Recht, also das *Corpus Iuris Civilis*, im Französischen auch *la Raison écrite* genannt wird – der geschriebene Grund oder die geschriebene Vernunft.

Im Übrigen liest Legendre die Familiengeschichte auf der Folie von *Totem und Tabu*. Etwas unvermittelt, für meine Begriffe, diagnostiziert er im Anschluss an die zitierte Passage, die ganze Familie Lortie sei von der „Tabukrankheit" heimgesucht gewesen, und erläutert diese Diagnose folgendermaßen:

> „Ich gebe hier dem Begriff ‚Tabukrankheit' einen etwas weiteren Sinn, um verständlich zu machen, dass das, was damit auf dem Spiel steht, den kompletten Mechanismus der Referenz betrifft. Im Fall der Familie Lortie ist er für jedes ihrer Subjekte ausgefallen. Wenn aus dieser Perspektive der Mord die Funktion hat, dem Totalausfall eines Vaters entgegenzutreten, so zeigt die Phantasie, die in den – von den Strafrechtlern so genannten – ‚vorbereitenden Handlungen' zu einem derartigen (von den drei Söhnen nicht ausgeführten) Mord am Werk ist, an welchem empfindlichen Punkt die Söhne ihrerseits durch diesen Totalausfall getroffen werden: in ihrer Fähigkeit zu verdrängen, die normalerweise den Subjekten symbolische Übersetzungen ermöglicht. Die Verdrängung ist deren Bedingung. Fällt sie aus, so gibt es auch für die Söhne kein Verbot und Untersagtes mehr. Der Sackgasse des Vaters entspricht die Sackgasse der Söhne. Von wo könnte das Verbot den kommen, wenn der Vater im Amt versagt?" (Legendre 1998: 129)

Bei Freud ist „Tabukrankheit" ein anderer Name für die Zwangsneurose. Der „etwas weitere Sinn", in dem Legendre das Wort gebraucht, ist eigentlich eher eine Umkehrung: Während der Zwangsneurotiker, in wie immer auch verschobener Form, vom Verbot des Vaters geradezu heimgesucht ist, habe es für die Söhne Lortie gerade kein Verbot und kein Untersagtes geben können. Sie sind vom Bild des Hordenvaters heimgesucht; sie befinden sich in einer Welt von Vorstellungen ohne Worte, einer phantasmatischen Welt, die dann im *acting out* der Tat über Denis Lortie zusammenschlägt. Der Mord, so Legendre, ist ein sprachlich entwurzeltes Tun (Legendre 1998:113).

Anders als es der zeitgenössische Sprachgebrauch vermuten lässt, der zwischen Autorität auf der einen und Macht, Zwang oder Gewalt auf der anderen Seite oft nur unzureichend oder gar nicht unterscheidet, ist nun der Vater Lortie zwar äußerst gewalttätig, aber gerade *nicht* autoritär. Er verbürgt und begründet nicht ein Gesetz, unter dem die Handlungen aller (auch seine eigenen) stünden, sondern tritt es mit Füßen. Insofern die Ausübung von Autorität die Anerkennung einer symbolischen Ordnung voraussetzt, in der sowohl dem *auctor* als auch den durch ihn Autorisierten bestimmte Plätze zukommen, ist Lortie senior sogar das gerade Gegenteil eines ‚autoritären Vaters': Da es für ihn selbst keine symbolische Ordnung gibt, in der sein Platz und sein Amt durch bestimmte Rechte und

Pflichten bestimmt (und begrenzt!) wären, kann er auch seine Kinder nicht als Subjekte respektieren und instituieren. Er behandelt sie wie seinen Sachbesitz, mit dem er umspringen kann, wie es ihm beliebt.

Seit Denis Lortie selbst Kinder hat, leidet er daher unter der Angst, zu werden wie sein Vater. Von dieser Angst, die, wie es scheint, auch von seiner Frau geteilt wird, ist Lortie derartig besessen, dass ihm bereits die kleinste Erziehungsgeste gegenüber seinen eigenen Kindern wie ein unerträglicher Gewaltakt erscheint. Das Zusammensein mit der Familie – das zweite Kind wird ein Jahr vor dem Anschlag geboren – wird ihm zunehmend unerträglicher. Freier fühlt er sich lediglich in seinem Beruf, bei der Armee. Kurz vor dem Anschlag spürt er dann, dass er nicht mehr weiter kann. Er reicht bei seinem Vorgesetzten einen Urlaubsantrag für drei Tage ein, um sich seiner Frau, eventuell auch seinem Bruder, anzuvertrauen. Dieser Urlaubsantrag wird jedoch abgelehnt, und in diesem Zusammenhang ereignet sich eine Konfrontation mit dem Vorgesetzten, der Legendre ebenfalls große Bedeutung beimisst, weil hier das erste Mal das Gesicht des Vaters auftaucht: Der verbietende, den Urlaubsantrag ablehnende Unteroffizier Chenier hat plötzlich für einen Augenblick das Gesicht des Vaters, und gleichzeitig wird Lortie von jenen Allmachtsphantasien überflutet, die er bis dahin mühsam unter Kontrolle gehalten hatte. Im Prozess umschreibt er diesen Zustand mit dem Satz: „Ich fühlte mich stark genug, diese Autorität zu zerstören, meine Kraft war grenzenlos" (Legendre 1998: 60). Von diesem Zeitpunkt an ist Lortie im Delirium, spürt aber gleichzeitig, dass er aus dem Ruder läuft. Er fasst zunächst den Plan, seinen Vorgesetzten zu töten, entscheidet sich dann allerdings dagegen, nicht, um den Vorgesetzten, sondern um dessen Frau und Kinder zu schonen. „Der definitive Umschlag hin zum Projekt des Anschlags" auf die Regierung, so Pierre Legendre, „enthält die phantasmatische Inszenierung des Mords an seinem Vorgesetzten, der hier als übertragene Vaterfigur fungiert" (Legendre 1998: 92). Es gibt also eine Übertragungskette vom Vater über den Vorgesetzten hin zur Regierung von Quebec – und es gibt Lorties eigene, unauflösliche Identifizierung mit diesem Vater, von dem er nicht richtig abgetrennt ist, von dem er sich nicht unterscheiden kann. „Den Wahnsinn des Mordanschlags", so Legendre,

> „könnte man also wie folgt beschreiben: Der Sohn schreitet zur Tat, sowohl um der Identifizierung mit seinem terroristischen Vater zu entgehen als auch um ihr zu erliegen. Der Mörder sucht das zu töten, was das trennende Prinzip aufgrund der Unfähigkeit seines Vaters

daran hindert, wirksam zu werden. Er versucht, das Hindernis zu töten, den unwürdigen [‚nackten', S. L.] Vater. Dabei greift er diesen Vater im Absoluten an, den Ersatzvater, den die Regierung von Quebec für ihn darstellt. Er knüpft sich den Vater in Gestalt der Opfer vor, die ihm in seiner wahnsinnigen Begegnung mit der Gründungsreferenz zufällig über den Weg laufen. Der delirante Widerspruch bestand also darin: Die Instanz des Vaters erobern, indem man einen Mord begeht, sich Zugang zur Metapher des Vaters verschaffen wollen, während man sich in einen Mörder verwandelt.
Im Zentrum des Lortieschen Deliriums steht tatsächlich die Forderung nach dem Vater um jeden Preis" (Legendre 1998: 139).

Dass der „Vater" nicht da ist, wo man ihn zu treffen hofft, dass der „Sohn" am Ende selbst, Maschinengewehr überm Knie, auf dem leeren Platz des Präsidenten sitzt, zieht, Zufall oder nicht, die Symptomatik dieser Tat, den „deliranten Widerspruch", noch einmal wie in einem Brennspiegel zusammen.

Von den weiteren Details des Anschlags sei noch die sehr sorgfältige Vorbereitung erwähnt (mit der signifikanten „Fehlleistung", dass Lortie vergisst, sich nach den Sitzungszeiten des Parlaments zu erkundigen). Lortie verschafft sich ein ganzes Waffenarsenal, nimmt sogar an einer Besichtigung des Parlamentsgebäudes teil, funktioniert also einerseits in der Logik seines Deliriums. Andererseits hat er jedoch das Gefühl, dass nicht er es ist, der da handelt: „Ich wußte, dass ich das nicht war", sagt er im Prozess, „also, ich kann nicht sagen: das bin ich, das bin ich nicht... mehr kann ich dazu nicht sagen" (Legendre 1998: 91; 103). Diese Spaltung führt zu einer Art Ankündigung des Anschlags auf Tonbandkassetten, die er an seine Ehefrau, an einen Freund und an die Radiostation von Quebec adressiert und auf denen er unter anderem erklärt, seine Tat solle alle Einwohner Quebecs und besonders seine eigene Familie vom verhassten Joch einer schlechten, despotischen Ordnung befreien (was, als die Kassetten kurz nach dem Anschlag abgehört werden, zunächst zur Verwechslung der Tat mit einer terroristischen Aktion führt). Auch von der Hoffnung oder Erwartung, im Verlauf der Ereignisse selbst getötet zu werden, ist auf diesen Kassetten immer wieder die Rede.

Legendre interpretiert, wie gesagt, die Tragödie des Gefreiten Lortie als die Tragödie eines Sohnes, dessen Vater als symbolischer Vater versagt hat und der deswegen in seiner Subjektwerdung auf der Strecke geblieben ist. Der Vater hat sich als Hordenvater aufgeführt, er hat für seine Kinder das Verbot nicht eingeführt. Das heißt für Legendre: Er hat es versäumt, die ihm anvertrauten Subjekte (seine Kinder) von sich selbst zu trennen. Lortie-Sohn „tötete denjenigen, der im konkreten Leben der Familie die Nicht-Differenzierung und die Transgression aller Tabus in Szene gesetzt hatte" (Legendre 1998: 140), einen Vater, der sich selbst wie ein wahnsinnig gewordenes Kind gebärdete. Den Mord selbst versteht Legendre daher als einen verzweifelten Versuch, den Akt der Trennung nachzuholen:

> „Lorties ‚das war ich, das war ich nicht' ist nicht auf irgendeine bewußte Nicht-Wahl zurückzuführen, sondern auf die Zerrüttetheit der institutionellen Form der Trennung, über die das Band des Subjekts zum Prinzip der Referenz, d.h. zur Vernunft organisiert wird und mit deren Hilfe das Subjekt sich darauf beziehen kann. Die Frage, die der Mord dem Interpreten stellt, wird sich in dem Maße beantworten lassen, wie man die Frage des ‚das war ich, das war ich nicht' klären kann, in dem Maße also, wie man den hier ungemein deutlich formulierten Widerspruch der Identität auflösen kann. Wer ist wer?"

„Zurechnungsfähig" ist ein Subjekt – und d.h. Subjekt ist ein Subjekt – erst dann, wenn es sagen kann, was es war und was es nicht war, wenn es die Entscheidung darüber, was es sich zurechnen muss und was nicht, verantwortlich (d.h. antwortend auf die Gründungsrede) übernehmen kann. Erst dann ist es im Übrigen auch schuldfähig. Der „Totalausfall" der Gründungsrede, jedenfalls was den leiblichen Vater angeht, führt also im Fall des Gefreiten Lortie zu einem „Verbrechen ohne Subjekt". Zu diesem Befund kommen während des ersten Lortie-Prozesses auch die hinzugezogenen Gerichtspsychiater: Sie erklären Lortie für nicht zurechnungsfähig zum Zeitpunkt der Tat infolge eines psychotischen Schubes, folglich für nicht schuldfähig. Das hätte normalerweise zu seiner Unterbringung in einer psychiatrischen Klinik geführt. Die besondere Pointe dieses Prozesses besteht nun jedoch darin, dass Denis Lortie diese Diagnose, die ihn zum endgültigen Dasein als Nicht-Subjekt verdammt, nicht akzeptiert. Er besteht auf seiner Schuldfähigkeit und bittet darum, als Mörder verurteilt zu werden, *obwohl* er zum Zeitpunkt der Tat nicht zurechnungsfähig war. Das stellt das Gericht vor einige Probleme; denn die Rechtsordnung macht die Schuldfähigkeit (und damit die Möglichkeit der Verurteilung) von der Zurechnungsfähigkeit im Augenblick der Tat abhängig; sie kann also nicht Unzurechnungsfähigkeit und Schuldfähigkeit gleichzeitig zugestehen. Im ersten Prozess (1985) kam das Gericht dem Begehren des Angeklagten deshalb in der Weise nach, dass es ihn (unter Vernachlässigung der Unzurechnungsfähigkeit) wegen Mordes ersten Grades, das ist vorsätzlicher, überlegt geplanter Mord, verurteilte. Daraufhin ging

Lorties Anwalt in Berufung, und genau hier ist nun eigentlich der Punkt des Einsatzes für Legendres Buch: Dieses Buch ist nämlich während des zweiten Prozesses geschrieben, und es stellt unter anderem ein großes Plädoyer für Denis Lortie dar, für seine Verurteilung *unter Berücksichtigung der Unzurechnungsfähigkeit zum Zeitpunkt der Tat*, in eins damit ein Plädoyer für die Veränderung gewisser Grundsätze der modernen Justiz.

Legendre versucht, wie man abgekürzt sagen könnte, die Institutionen, hier vor allem die Justiz, an ihr Vateramt zu erinnern (und sie von ihrer Management-Konzeption zu befreien). Lorties Begehren, verurteilt zu werden, entziffert er als Begehren, endlich als Subjekt anerkannt, gegründet und durch eine maßgebliche Autorität instituiert zu werden. Dieses Begehren wendet sich an den Richter, der in der Ordnung des Prozesses am Platz des symbolischen Dritten, also am Platz des Vaters, steht. Legendre traut dem Gerichtsverfahren und der Verurteilung zu, für Lortie das zu leisten, was sein leiblicher Vater versäumt hat: seine Subjektivierung zu vollenden, ihn endlich als Subjekt zu gründen. Er entwirft also das Gerichtsverfahren im Grunde als ein riesiges ödipales Theater, dessen Zweck es ist, für das Subjekt die Rede der Autorität in Szene zu setzen, sein „Vaterbild" wiederherzustellen – er spricht in diesem Zusammenhang sogar von der „klinischen Funktion des Rechts" (Legendre 1998: 156). Diese bestehe darin, das Verbrechen, die „aus der Sprache gefallene" Tat des Mordes, zu symbolisieren, den so genannten „Tathergang" und seine Vorgeschichte, in eins damit die Vorgeschichte des Subjekts, zur Sprache zu bringen und dergestalt dafür zu sorgen, dass der Mörder sich einerseits von seiner Tat trennen, sich von ihr unterscheiden kann, andererseits aber dadurch in die Lage kommt, diese Tat als von ihm begangene symbolisch wiederaneignen zu können – damit er am Schluss eben doch sagen kann: „Das war ich". Diesen gleichsam kathartischen Augenblick der Wiederaneignung der Tat und der Subjektwerdung des Täters glaubt Legendre in der Berufungsverhandlung in dem Augenblick ausmachen zu können, in dem Denis Lortie ein Videofilm aus einer Kamera im Parlamentsgebäude vorgeführt wird, die die Schießerei tatsächlich aufgenommen hat: Lortie hat also die Möglichkeit, sich selbst auf diesem Video als Mörder zu sehen. Er schaut sich das an und bricht zusammen. Dazu schreibt Legendre:

> „Lortie wurde durch diese Bilder dazu gebracht, eines subjektiven Todes zu gedenken. Er ist der Überlebende eines Totalausfalls der Vernunft, jemand, der heil aus dem Zustand eines totalen Selbstverlusts zurückgekehrt ist. Welche Funktion hat ein derartiges „Eingeden-

ken"? Ich würde sagen: Zum ersten Mal in seinem Leben ist das Subjekt Lortie dazu aufgerufen, und zwar auf radikale Art und Weise, in der Dimension des Dritten sich von sich selbst getrennt zu sehen. Sein nachträglicher Blick auf sich selbst als denjenigen, der den Mord begeht, ist ein Blick, den Lortie deshalb nicht mehr abwenden muß und den er auch genau deswegen auf sich werfen und aushalten kann, weil er gegründet und damit von der Handlung getrennt ist. Möglich wurde dieser Blick am Ende eines langen Aufarbeitungsprozesses der Tat, in welchem der institutionelle Dritte auf wirksame Weise die Rolle des trennenden Dritten spielte. Mit anderen Worten: Die Wiederholung der Mordszene ist von ihren deliranten Elementen abgetrennt, was dem Subjekt ermöglicht, den Mord als Mord wahrzunehmen, also tatsächlich zu sehen, dass es einen Mord begangen hat. Der Lortie, der den Videofilm betrachtet, steckt nicht mehr in der Haut des Rächers Lortie" (Legendre 1998: 101).

III.

Ich will die Ebene der Falldarstellung und des Prozesses an dieser Stelle verlassen, um noch ein paar Überlegungen zur Frage der Autorität an diesen Text anzuschließen. Ich habe schon hervorgehoben, dass der Text auf mehreren Ebenen operiert: Er interveniert, um mit dem zuletzt Genannten zu beginnen, in einem Verfahren, das noch nicht abgeschlossen ist (Lortie wurde im Anschluss an den zweiten Prozess wegen Mordes zweiten Grades, i.e. ein nicht überlegt geplanter Mord, zu einer zehnjährigen Freiheitsstrafe verurteilt). Der Text ist also sowohl an den Richter des Verfahrens, an die Justiz im Allgemeinen, wie auch an den Angeklagten adressiert. Besonders dieser letzte Punkt ist wichtig; denn er erlaubt es, auf Legendres Text anzuwenden, was Legendre selbst über den Status psychiatrischer Gutachten im Prozess sagt: Im Unterschied zu allen anderen wissenschaftlichen Expertisen, mit denen der Richter es zu tun hat, wenden sie sich niemals ausschließlich an ihn, sondern, ob sie das wollen oder nicht, auch an den Angeklagten. Dies ist vor allem deswegen der Fall, weil die psychiatrischen Sachverständigen die Frage nach dem eigentlichen Grund des Verbrechens zu verhandeln haben und weil sie deswegen, ob sie es wollen und wissen oder nicht, von der Wahrheit des Subjekts zum Subjekt sprechen. Die psychiatrische Sachverständigenaussage hat „für den Angeklagten das Gewicht eines ihn definierenden und intersubjektiv zu ihm sprechenden Wortes" (Legendre 1998: 58). Der Sachverständige spielt die Rolle eines zweiten Interpreten, der (neben dem Richter) „die Gründungsrede des Subjekts handhabt" (Legendre 1998: 151). Und wenn Legendres Text auch nicht im exakten Sinn ein psychiatrisches Gutachten darstellt, so spricht doch auch er vom eigentlichen und letzten Grund des Verbrechens und arbeitet selbst darauf hin, „für Lortie dessen Gründungsbild wiederherzustellen", was nach seiner Auffassung die psychologischen und psychiatrischen Gutachter ebenfalls tun sollten (Legendre 1998: 154). Auch Legendres Rede wäre also nicht als wissenschaftliche Expertise, sondern als institutionelle Rede anzuerkennen, die bestrebt ist, für Lortie das Bild des Vaters wiederherzustellen, es in ihm – und vielleicht auch in den Köpfen der Leser – zu „verstauen" oder „unterzubringen". Insofern ist nun aber Legendres Rede selbst ‚autoritär': Sie redet zum Angeklagten von einem Gesetz, unter dem die Handlungen aller stehen, und verbürgt dieses Gesetz kraft seines ‚auktorialen' Amtes (das in diesem Fall das eines gerichtlich bestellten Sachverständigen ist).

Auf einer zweiten Ebene – die zwar von der letztgenannten nicht zu trennen ist – benutzt Legendre den „Fall Lortie" aber auch dazu, eine ganze Theorie der Institutionen zu entfalten, die, wie eingangs geschildert, auf der Konjunktion von Gesetz (Verbot), Vateramt und Vernunftprinzip basiert. Auf dieser Ebene wird der Fall Lortie zum Symptom einer Kultur, die in Legendres Auffassung im Begriff ist, ihr Gründungsbild zu zerstören, die Referenz „verwahrlosen" zu lassen, kurz: den Vater und die Autorität des Vaters einzukassieren. Der Amoklauf Lorties und vergleichbare Verbrechen werden hier zu drohenden Warnzeichen des Kulturverfalls. „Wir stehen heute", heißt es dazu, „einem neuen Typ von Entmenschlichung gegenüber. Die neuen Mörder sind Verbrecher ohne Schuld, sie sind aber auch nicht verrückt. Entsprechend verlieren sich die zuständigen Interpreten, Psychiater und Richter, in Konjekturen und stehen ratlos vor Reden und Taten, die ihnen vollständig unbegreiflich geworden sind" (Legendre 1998: 51), „Taten, deren Subjekt verschwunden ist", ausgeführt von Tätern, die „schuldunfähig" sind in dem höheren Sinn, dass sie die Instanz, vor der sie sich schuldig fühlen könnten, niemals in sich ausgebildet haben (Legendre 1998: 51 f.).[6]

---

[6] Vgl. Legendre 1998: 51f., wo Legendre vom Fall eines Jugendlichen berichtet, der seinen Vater durch zwei Freunde ermorden ließ. Vor Gericht legt der Sohn ebenso affektlos wie mühelos ein Geständnis ab. Die psychiatrische Untersuchung dagegen verläuft negativ: „Nichts deutete auf das Vorhandensein irgendeiner Pathologie hin, und die einigermaßen fassungslosen Richter sprachen ein mildes Urteil". Der (literarische) Prototyp eines solchen „schuldunfähigen", gleichwohl nicht verrückten Verbrechers ist Meursault aus Camus' Erzählung *Der Fremde*, der an der Wiederaneignung seiner Tat auch im Verfahren scheitert und von dem der Staatsanwalt sagt, er „besäße gar keine Seele, auch nichts Menschliches; kei-

Auch hier liegt das Remedium für Legendre letztlich darin, für die Kultur das Vaterbild wiederaufzurichten. „Es geht darum", sagt er, „auf der Grundlage des Wissens über den Menschen die anthropologische Natur der juridischen Einrichtungen wieder aufzuwerten" (Legendre 1998: 148), zu zeigen, dass das Gesetz im juridischen Sinn dasjenige ist, „was den Menschen als soziales und subjektives Wesen an das Gesetz der Gattung bindet" (Legendre 1998: 147). Was letztlich natürlich darauf hinausläuft, das Vateramt und mit ihm die ganze patriarchale Ordnung anthropologisch zu überhöhen; das Vateramt (und damit auch die notwendige Dissymmetrie des Geschlechterverhältnisses) auf der Ebene der Struktur, des Universalen anzusiedeln und nicht auf der Ebene kultureller Realisierung. Wenn das „Einkassieren" des Vaters in unseren Gesellschaften zur Zeit tatsächlich zu einer Art „normativen Selbstbedienung" führt – „jedes Individuum sein eigener Kleinstaat", wie Legendre treffend sagt (Legendre 1998: 66) –, zu einer „Verwahrlosung" der Referenz oder zu einer Umstellung von Gründungs- auf Management-Figuren, so ist diesem Zustand nach Legendre tatsächlich nur durch eine Art institutionelles *roll-back*, durch eine Restitution des „Vateramts" und die Wiederherstellung mythischer Gründungsbilder abzuhelfen.

Hier wäre nun jedoch zu fragen, ob die Verknüpfung von Autorität, Vernunftprinzip und Vateramt tatsächlich so unabdingbar ist, wie Legendre behauptet, ob die kulturell notwendige Institution des Verbots – und damit die Autorisierung der Subjekte als solcher – tatsächlich nicht nur historisch, sondern auch struktural an das Bild eines Vaters gebunden ist. Ist die ‚Nacktheit des Kaisers' erst einmal unübersehbar geworden – und das ist heute der Fall –, so steht vielleicht nicht die Logik des Gründungsgefüges selbst, wohl aber ihre konkrete Realisierung und Abbildung in gesellschaftlichen Herrschaftsverhältnissen erneut zur Diskussion und zur Disposition. So erscheint es anachronistisch, das Drama der abendländischen Kultur erneut und noch einmal als das Drama eines Sohnes auf der Suche nach seinem verlorenen Vater zu erzählen. Und ohne abtun zu wollen, was Legendre in seinem Buch an Kultur-, Gesellschafts- und Wissenschaftskritik äußert, scheint es mir doch nicht ausgeschlos-

---

nes der normalen Prinzipien, die das Herz des Menschen behüten" (Albert Camus, Der Fremde, Reinbek bei Hamburg 1961, S. 100). Die „Gefühllosigkeit" Meursaults, sprich: die Grundlosigkeit seiner Tat, flößt dem Gericht in Camus Erzählung ausdrücklich mehr „Entsetzen" ein als selbst ein Vatermord; ganz konsequent wird hier vom Staatsanwalt denn auch die „Leere des Herzens, wie sie bei diesem Menschen anzutreffen ist", als der „Abgrund" angeschrieben, „in den die Gesellschaft stürzen kann" (ebd. S. 101).

sen, dass er selbst hier einer gewissen Logik der Identifizierung erlegen ist, der Identifizierung nämlich mit seinem tragischen Helden, Denis Lortie. Wenn er diesem bescheinigt, im Zentrum seines Deliriums stehe tatsächlich „die Forderung nach dem Vater um jeden Preis" (Legendre 1998: 139), die „Wiederherstellung des Vaterbilds" im *acting out* des Mordes (Legendre 1998: 140), dann wiederholt Legendre die Geste dieser Forderung und dieser Wiederherstellung mit den Mitteln der Sprache, auf der Ebene der Theorie. Die „Forderung nach dem Vater um jeden Preis" ist in gewisser Weise seine eigene. Sie ist plausibel wiederum nur in einer Kultur, die alles vom Vater und vom Vater alles erwartet. Und wenn Legendre sagt, dass ein Mörder, „der einer Regierung das Prädikat des Vaters gibt, im Prinzip nichts Delirantes behauptet" (Legendre 1998: 65), so gilt auch das nur innerhalb einer Kultur, die den Staat als Familie denkt und die damit den Übertragungsraum eröffnet, in dem die Verschiebung vom Vater über den Vorgesetzten auf die Regierung und schließlich auf den Richter erst möglich wird, innerhalb einer Kultur also, die den ödipalen Amoklauf Lorties dann tatsächlich als präzisen Nachvollzug ihrer eigenen institutionellen Logik erscheinen lässt. Eine solche Vaterübertragung kann man dann natürlich auch ausnutzen, um den von ihr Befallenen institutionell zu resozialisieren und zu reterritorialisieren, wie Legendre es vorschlägt. Lässt sich aber auf die moderne Krise der Autorität tatsächlich noch sinnvoll mit der (Rück)Forderung des Vaters reagieren?

In dem Märchen, mit dem wir begonnen haben, ist es ein Kind, dem die Nacktheit des Kaisers unübersehbar wird. Der Vater dieses Kindes ist es, der sich das Gesehene sagt sein lässt und es weitersagt, „und einer flüsterte dem anderen zu, was das Kind gesagt hatte. ,Er hat gar nichts an, ein kleines Kind ist dort, das behauptet, er habe gar nichts an!' – ,Er hat ja gar nichts an!' rief endlich das ganze Volk." Das wiederum muß der Kaiser sich gesagt sein lassen, „denn es schien ihm selbst, als ob das Volk recht hätte". Die Zerstörung der kollektiven Illusion, die Demontage des mythischen Gründungsbildes führt jedoch im Märchen wie auch in der Politik keineswegs zum Sturz des Kaisers, zur (Selbst-)Befreiung des Volks „vom Joch einer schlechten und despotischen Regierung". „Jetzt hilft nichts als standhaft auszuhalten!" sagen sich seit H. C. Andersens Tagen die Könige und Präsidenten mit mehr oder weniger Erfolg, und die Kammerherren gehen und tragen Schleppen, die gar nicht da sind. Das ist die prekäre, zeitgenössische Situation der Autorität. Ihr ist durch Re-Investitur nicht abzuhelfen. Die Erzählung von den guten, alten Zeiten, als der Vater noch der Vater, der Blick in den Abgrund der Autorität noch durch mythische Bilder abgeschirmt war, mutet dabei selbst wie ein politisches Märchen an oder wie eine ins Politische projizierte Version des Familienromans des Neurotikers, von dem Freud schreibt, dass der in ihm anzutreffende „Ersatz beider Eltern oder nur des Vaters durch großartige Personen" von der „kindlichen Überschätzung der Eltern" zeugt: „Ja, das ganze Bestreben, den wirklichen Vater durch einen vornehmeren zu ersetzen, ist nur der Ausdruck der Sehnsucht des Kindes nach der verlorenen glücklichen Zeit, in der ihm sein Vater als der vornehmste und stärkste Mann, seine Mutter als die liebste und schönste Frau erschien. Er wendet sich vom Vater, den er jetzt erkennt, zurück zu dem, an den er in frühen Kinderjahren geglaubt hat" (Freud 1970: 226). Erst diese imaginäre Überhöhung des Vaters zum Maß aller Dinge, zum souveränen Herrn des Gesetzes ist es schließlich, die seine Worte und seine Taten – im Fall Denis Lorties seine Tyrannei und sein perverses Begehren – zum unausweichlichen Fatum der Söhne macht. Legendres Frage: „Woher soll das Verbot denn kommen, wenn der Vater im Amt versagt?" suggeriert indes, dass einzig der (biologische) Vater, der für jedes Kind nur EINER ist, jene Funktion zu tragen vermöchte – dass niemand anders sei, der das trennende Prinzip, die soziale Ordnung für ein Kind in Szene zu setzen vermöchte. „Versagt" hat aber im Fall Lortie nicht nur der Vater, der es versäumt hat, seinen Sohn von sich selbst zu trennen, sondern versagt haben alle jenen sozialen Dritten – angefangen von der Mutter –, die es versäumt haben, Lortie von seinem Vater zu trennen. Als wenn es nur den Sohn und seinen Vater gegeben hätte und die ganze Welt ringsherum leer gewesen sei. Während alle Welt (insbesondere die psychoanalytische und insbesondere Lacan) nicht müde wird, die Körper der Mütter zum Massengrab der Kinder zu erklären, sofern der Vater nicht für deren Differenzierung aus der Zweiheit mit der Mutter sorgt, scheint gerade die Übertragung der kindlichen Allmachtsphantasien auf den Vater dazu zu führen, dass die Kinder massenweise an den Körpern der Väter klebenbleiben – das gilt für die phallischen kleinen Hysterikerinnen ebenso wie für die auf unterschiedliche Weise „tabukranken" Zwangsneurotiker und Psychotiker, heißen sie nun Schreber, Lortie oder Franz Kafka. „Der riesige Mann, mein Vater, die letzte Instanz", schreibt Kafka im Brief an den Vater, dem vielleicht beklemmendsten literarischen Zeugnis einer Zwangsneurose, und: „Manchmal stelle ich mir die Erdkarte ausgespannt und Dich quer über sie hin ausgestreckt vor. Und es ist mir dann, als kämen für mein Leben nur die Gegenden in Betracht, die Du entweder nicht bedeckst oder die nicht in Deiner Reichweite liegen. Und das sind entsprechend den Vorstellungen, die ich von Deiner Größe habe, nicht viele und nicht sehr trostreiche Gegenden und besonders die Ehe ist nicht darunter" (Kafka 1983: 158).

Wenn man Vaterübertragungen von ‚kafkaesken' Ausmaßen, über das psychosexuelle und vom Fehlverhalten konkreter Väter induzierte Einzelschicksal hinaus, als Beleg für die Strukturkrise des Vatertums anführt, wie Legendre es tut, dann drängt sich die Frage auf, ob dieses Vatertum nicht immer schon seine eigene Strukturkrise gewesen ist. Diese wäre im Märchen von des Kaisers neuen Kleidern wo nicht auf den Begriff, so doch ins treffende Bild gebracht.

„Aber der Kaiser hat ja gar nichts an!" rufe ich also und halte es denn doch eher mit dem kleinen Kind als mit den großen Betrügern. Freilich ist hier Vorsicht geboten; denn gemäß einer dritten Lesart des Märchens, mit der ich schließen will, ist auch der Gegensatz zwischen dem Kind und den Betrügern nur ein scheinbarer. Der emanzipierte Blick auf die Autorität und die Rhetorik der nackten Wahrheit, die das Kind im Märchen verkörpert, sind nämlich in ihrer Art nicht weniger illusionär als die Praktiken der Betrüger: ebenso wie das angebliche Kleid ist ja auch die angebliche Nacktheit des Kaisers nur aus Worten gewebt und insofern ebenfalls ein Mythos. Um die Autorität des Kaisers geht es daher in Andersens Märchen vor allem insofern, als sie von anderen Autoritäten abhängig ist – von der Autorität jener nämlich, die den Blick des Volks auf den Kaiser lenken. In dieser Lenkungsfunktion des Blicks, in der Autorisierung einer sozialen *Deutung* von Autorität, sind sich das ‚Kind' und die ‚Betrüger' gleich. Dass dem einen schließlich mehr geglaubt wird als den anderen, beweist weniger die Richtigkeit seiner Deutung als deren Konformität mit den modernen, wissenschaftlichen Regeln des Sehens. So besteht die Kunst der Deutung *nach* Andersen vielleicht darin, gegen die allzu Autoritätsgläubigen von heute auf der ‚Nacktheit des Vaters', gegen den Materialismus der nackten Tatsachen aber auf der symbolischen Dimension von Autorität zu bestehen.

Literatur

Büchner, G. (o. J.): Der Hessische Landbote. In: ders.: Gesammelte Werke. München.
Freud, S. (1970) Der Familienroman des Neurotikers, in: ders.: Studienausgabe Bd. IV. Frankfurt/M.
Grasskamp, W. (1998): Die zwei Kleider des Kaisers. Moderne Schwindelgefühle. In: Merkur. Deutsche Zeitschrift für europäisches Denken. Nr. 589 (April), S. 354-360.

Heidegger, M. (1986): Der Satz vom Grund. 6. Aufl. Pfullingen.
Kafka, F. (1983): Brief an den Vater. In: Hochzeitsvorbereitungen auf dem Lande und andere Prosa aus dem Nachlaß. Frankfurt/M.
Legendre, P. (1998): Das Verbrechen des Gefreiten Lortie. Abhandlung über den Vater. Lektionen VIII. Aus dem Französischen von Clemens Pornschlegel. Freiburg.
Žižek, S. (1994): Man lasse dem Kaiser seine Kleider! In: ders.: Denn sie wissen nicht, was sie tun. Genießen als ein politischer Faktor. Wien.

Autorinnen und Autoren des Bandes

Werner Helsper, Professor für Schulforschung und Allgemeine Didaktik am Institut für Schulpädagogik und Grundschuldidaktik der Martin-Luther-Universität Halle-Wittenberg und Mitglied im Direktorium des Zentrums für Schul- und Bildungsforschung (ZSB). Forschungsschwerpunkte: Schul- und Jugendforschung, Theorie der Schule und der pädagogischen Professionalität, qualitative Methoden.
Veröffentlichungen: „Schulkultur und Schulmythos. Rekonstruktionen zur Schulkultur 1" (2001, mit J. Böhme, R.-T. Kramer und A. Lingkost); „Unpolitische Jugend? Eine Studie zu Anerkennung, Schule und Politik" (2006, mit H.-H. Krüger u.a.); „Autorität und Schule. Die empirische Rekonstruktion der Klassenlehrer-Schüler-Beziehung an Waldorfschulen" (2007, mit H. Ullrich, B. Stelmaszyk u.a.); „Handbuch der Schulforschung" (2. Aufl. 2008, hrsg. zusammen mit J. Böhme); „Jugendliche zwischen Familie und Schule. Eine Studie zu pädagogischen Generationsbeziehungen" (2009, mit R.-T. Kramer, M. Hummrich und S. Busse).

Susanne Lüdemann, Professorin für Germanic Studies an der University of Chicago. Forschungsschwerpunkte: Deutsche Literatur des 18. bis 20. Jahrhunderts, Kulturtheorie und Sozialphilosophie der Neuzeit sowie Metaphorologie und Theorie des Imaginären.
Wichtige Publikationen: „Der fiktive Staat. Konstruktionen des politischen Körpers in der Geschichte Europas" (2007, zus. mit A. Koschorke, Th. Frank u. E. Matala); „Der Überlebende und sein Doppel. Kulturwissenschaftliche Analysen zum Werk Elias Canettis" (2007, Hg.); „Metaphern der Gesellschaft. Studien zum soziologischen und politischen Imaginären" (2004); „Des Kaisers neue Kleider. Über das Imaginäre politischer Herrschaft" (2002, zus. mit A. Koschorke, Th. Frank u. E. Matala).

Rainer Paris, Professor für Soziologie am Fachbereich Sozial- und Gesundheitswesen der Hochschule Magdeburg-Stendal (FH). Forschungsschwerpunkte: Allgemeine soziologische Theorie, Mikrosoziologie, Macht- und Organisationsforschung, soziale Bewegungen.
Buchveröffentlichungen: „Figurationen sozialer Macht. Autorität – Stellvertretung – Koalition" (1994, mit W. Sofsky); „Stachel und Speer. Machtstudien" (1998); „Normale Macht" (2005); „Gender, Liebe & Macht. Vier Einsprüche" (2008).

Alfred Schäfer, Professor für Systematische Erziehungswissenschaft an der Martin-Luther-Universität Halle-Wittenberg. Forschungsschwerpunkte: Bildungsphilosophie, Konstitutionsprobleme von Erziehungstheorien und Bildungsethnologie.
Buchveröffentlichungen (Auswahl): „Das Unsichtbare sehen" (2004); „Kindliche Fremdheit und pädagogische Gerechtigkeit" (2007, Herausgabe); „Die Erfindung des Pädagogischen" (2009).

Christiane Thompson, Privatdozentin im Arbeitsbereich „Systematische Erziehungswissenschaft" an der Martin-Luther-Universität Halle-Wittenberg. Arbeits- und Forschungsschwerpunkte: Bildungs- und Erziehungsphilosophie, kulturwissenschaftliche Bildungsforschung sowie pädagogische Phänomene aus machtanalytischer Sicht.
Aktuelle Veröffentlichungen: „Bildende Widerstände – widerständige Bildung. Blickwechsel zwischen Pädagogik und Philosophie" (2008, hrsg. zusammen mit G. Weiß); „Bildung und die Grenzen der Erfahrung. Randgänge der Bildungsphilosophie" (2009).

Michael Wimmer, Professor für Systematische Erziehungswissenschaft an der Universität Hamburg. Arbeitsschwerpunkte: Erziehungs- und Bildungsphilosophie im Kontext gesellschaftlicher Transformationsprozesse; Differenzphilosophie und Erziehungswissenschaft; Psychoanalyse, Medientheorie und Kulturwissenschaft.
Publikationen: „Der Andere und die Sprache. Vernunftkritik und Verantwortung" (1988); „Alterität Pluralität Gerechtigkeit. Randgänge der Pädagogik" (1996, zus. mit J. Masschelein); „Dekonstruktion und Erziehung. Studien zum Paradoxieproblem in der Pädagogik" (2006).